戦争日記
清沢洌

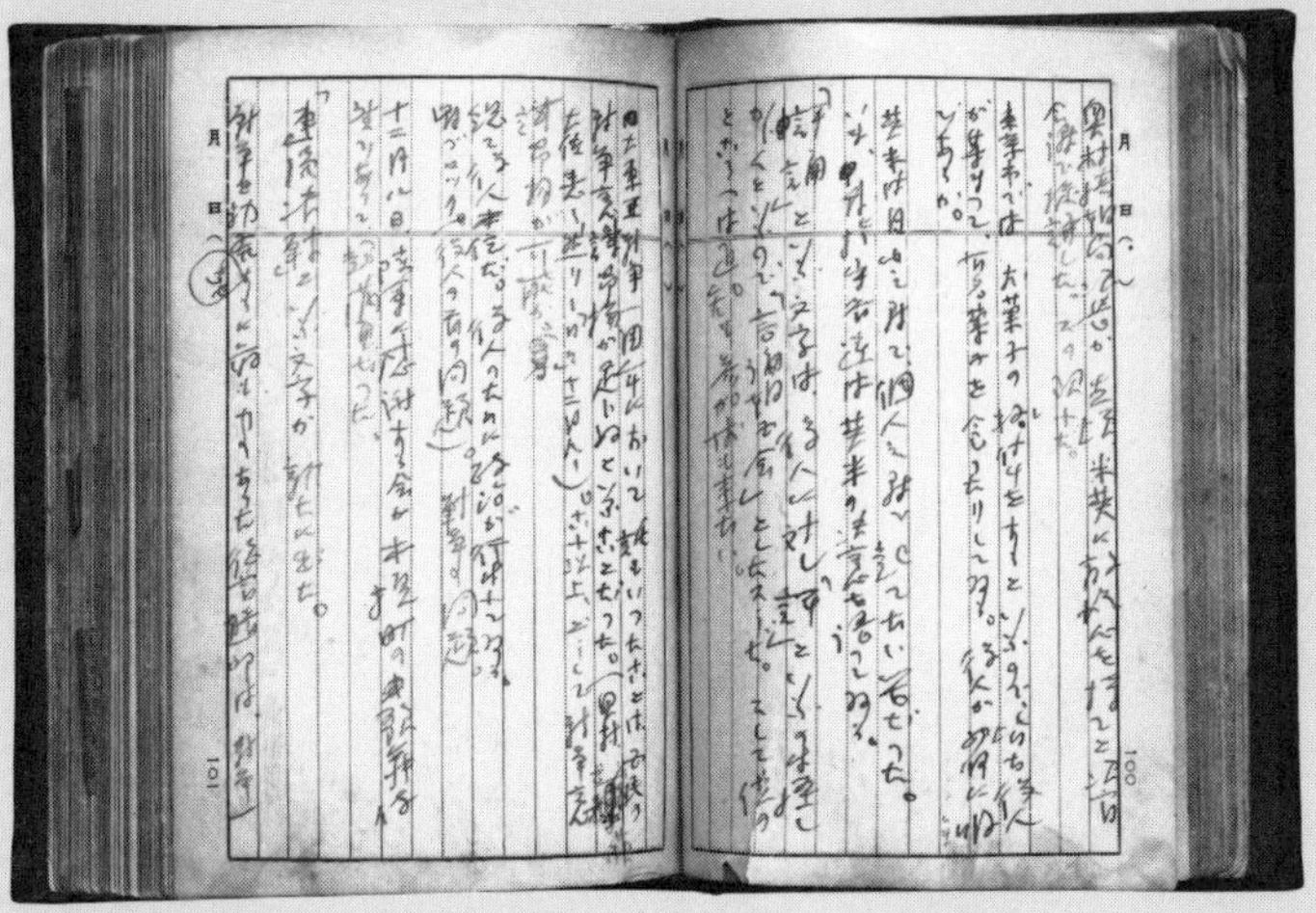

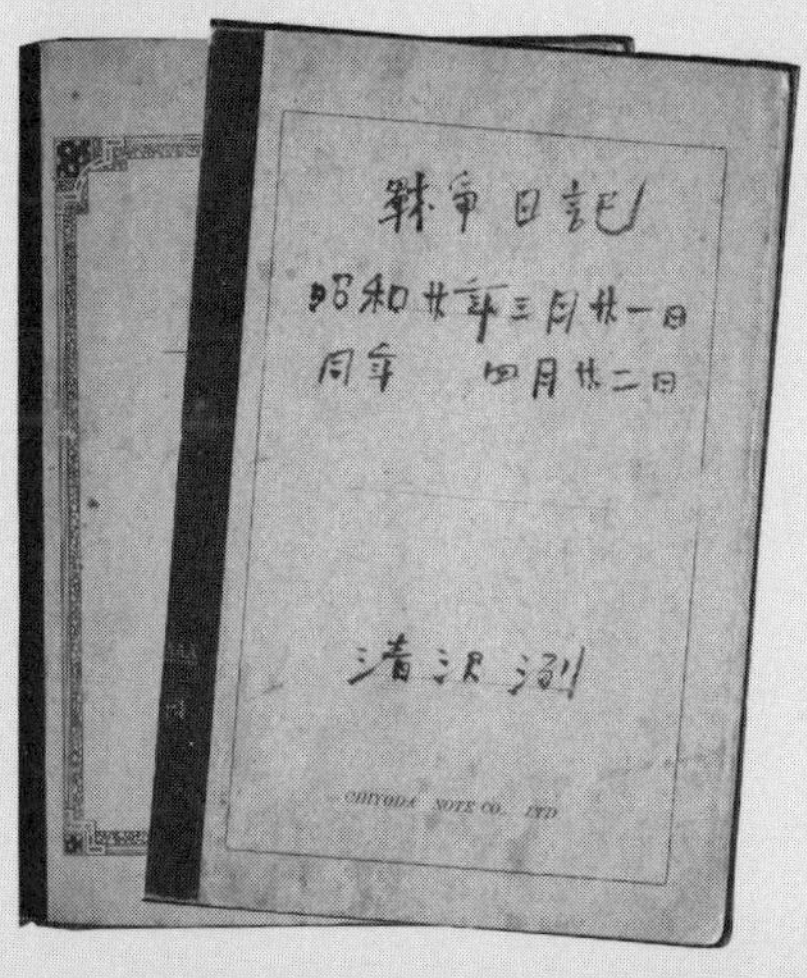
戦争日記
昭和廿年三月廿一日
同年　四月廿二日
清沢洌
CHIYODA NOTE CO. LTD

監修者——五味文彦／佐藤信／高埜利彦／宮地正人／吉田伸之

［カバー表写真］
戦時期の知識人と雑誌・書籍

［カバー裏写真］
松本竣介画「立てる像」
（1942年）

［扉写真］
清沢洌『暗黒日記』自筆原本

日本史リブレット 65

戦争と知識人

Kitagawa Kenzou
北河賢三

目次

はじめに——戦争の時代と知識人を考えるにあたって

本書の課題は、普通戦時期といわれる時代、すなわち一九三七(昭和十二)年七月の日中全面戦争《にっちゅうぜんめんせんそう》の開始から、アジア・太平洋戦争で日本が敗北する四五(同二十)年八月までの総力戦の時代の状況と知識人の動向を概観することである。歴史を理解しようとする際、時代状況を踏まえるのは当然のことなのだが、過去の時代状況を理解し感得することがむずかしく、全体主義への抵抗感が薄れていると思われる今日の状況において、全体主義の時代状況と知識人の動きに眼を向けることにも、なにがしかの意味はあると考える。

日本現代史研究では、一九三一(昭和六)年の「満州事変《まんしゅうじへん》」とその後の「満州」支配、三五(同十)年からの華北分離《かほくぶんり》工作、日中全面戦争、アジア・太平洋戦争を、それぞれが相互に密接に結びついた一連の戦争、すなわち「十五年戦争」ととらえる認識が有力である。「満州事変」以降の事態を抜きにして日中全面戦争はありえなかったし、また侵略戦争と連動したファシズム化の進行のうえに全面戦争以降の体制——総力戦に向けての国民動員とファシズム的国民統合が不可分に結びついたファシズム型総動員体制——の形成が可能になったのである。したがって、少なくとも一九三〇年代初頭からの動きを踏まえなければならないが、日中戦争以前の状況と知識人の動向は、かなりの程度明らかにされ共通理解がえられていると思われるので、必要最小限度の言及にとどめたい。それに対して、権力による弾圧・強制と社会的圧力が格段に強まり、人びとが否応なく総動員体制に組み込まれる局面での知識人の動向については、近年、研究の進展がみられるものの、なお検討すべき問題が多く、評価が分かれる点も少なくないと考えられるので、総力戦の時期に照準をあわせることにしたい。

　戦時期の知識人に関しては、一九五〇年代・六〇年代に転向および抵抗という視角に基づく研究が蓄積され、それが戦時期思想史の骨格を形づくった。ついで一九六〇年代後半から七〇年代には人民戦線《じんみんせんせん》運動をはじめとする運動史研究やジャーナリズム研究が進み、そのなかで知識人についても多様な動きが明らかにされた。その後、戦争責任論的視点に立つ研究が優勢となり、知識人の戦争協力の検証に力点がおかれるようになった。さらに近年では、総力戦体制下の政策のなかに、知識人が国家・社会の「現代化」「合理化」あるいは「変革」の契機をみいだし、積極的に参画していったことの意味を重視する研究が登場してきている。

右のほか、近年の文化史研究においては、戦前・戦時期の大衆文化、とりわけモダニズムあるいはモダニティー（現代性）に眼が向けられているが、その種の研究のなかでめだつのは、戦時期はモダニズムが持続しており、「暗い谷間」ではなかったという類《たぐい》の主張である。このような主張は、上記の「総力戦＝現代化」論や「戦時変革」論の一部にもみられる。

筆者は以前、「戦前から戦中の時期は、単なる『暗い谷間』の時代だったのではない。というよりも、『暗い谷間』にもかかわらず、さまざまな領域で文化創造の営みがあり、一定の成熟がみられたという点に注目したい」と指摘したことがある。ただし、正確にいうと、荒正人《あらまさひと》が「歴史の暗い谷間を通ってきた三〇代」（「第二の青春」『近代文学』一九四六〈昭和二十一〉年二月）と述べたように、「暗い谷間」とは荒自身の経験に基づく強い実感であった。そうした実感は『近代文学』▲同人たちに共有されていた。また、「保護観察」▲に付され勝手に居住地を離れることができなかった中野重治《なかのしげはる》にとっても、おそらく「暗い谷間」だったであろうし、左翼運動とは関わりがなかったモダニストの伊藤整《いとうせい》にとっても……。

「暗い谷間」とは、ある種の知識人（当事者）にとっての――知識人に限られないと思うが――強い実感なのであって、それを否定するのは不遜《ふそん》である。もちろん、一方で「暗い谷間」とは感じられなかったという知識人もあったであろう。戦後の回想文などをみるかぎり、戦時期の受けとめ方は世代や経験の違いなどによって一様ではないが、「暗い谷間」と感じたか否かは、とりわけ時代への向きあい方にかかわっていたとみるべきであろう。

ところで、総力戦の時代、とりわけアジア・太平洋戦争下において、国家はいわば「運命共同体」となり、人びとの国家との一体感は著しく強まった。知識人の場合も、戦争協力・「翼賛《よくさん》」の姿勢は顕著であった。しかし、「戦争国家」への参加の仕方には、「聖戦《せいせん》」の大義《たいぎ》を信じたもの、「国民」と運命を共にしようと

▼**『近代文学』**　一九四六年一月に創刊された文芸同人誌で、文芸評論中心の雑誌として出発。一九六四年八月まで通巻一八五冊刊行。創刊時の同人は、平野謙《ひらのけん》、本多《ほんだ》秋五《しゅうご》、荒正人、埴谷雄高《はにやゆたか》、山室《やまむろ》静《しずか》、佐々木基一《ささききいち》、小田切秀雄《おだぎりひでお》の七人。小田切（二九歳）以外は三〇代。いずれも戦前プロレタリア文学運動の波をかぶり、転向の時代に文学者として自己形成した。戦争の時代をくぐった三〇代の使命を強調し、政治に対する文学の自律と文学固有の課題を追究した。

▼**保護観察**　治安維持法違反者のうち、転向者の再犯を防止し、非転向者の転向をうながす目的で一九三六年五月に成立した思想犯保護観察法に基づき実施された（十一月施行）。起訴猶予者・刑の執行猶予者・仮釈放者・刑の執行終了者が対象とされ、全国二二カ

所に設けられた保護観察所の保護司などが、その思想と行動を観察した。対象者は、居住・交友・通信を制限された。

したもの、明確な判断を欠いた順応《じゅんのう》や迎合《げいごう》があり、一方、戦争体制の強化のなかに「社会主義体制への接近」（大熊信行《おおくまのぶゆき》）の契機をみいだそうとしたものもあった。

転向《てんこう》については、一方に非転向・偽装転向があり、他方、転向を繰り返して「完全転向」にいたるものがあった。また、転向の一定の地点に踏みとどまったものもあり、しかもその踏みとどまり方は一様ではなかった。さらに、思想的に不毛と思われる転向もあれば、創造的な転向もあった。

抵抗については、非戦・反戦の意志を示すもの、愛国心ゆえに鋭い国家批判を行うもの、「世間」からみずからを遮断して沈黙を守り自己の芸術・学問的世界を堅持しようとするものなど、多様であった。家永三郎《いえながさぶろう》のように、積極的抵抗と消極的抵抗に大別し、さらにそれを細別することも参考になるであろうが、筆者には、個性に応じて抵抗の型があるという趣旨の指摘をしていた向坂逸郎《さきさかいつろう》の言葉が印象に残っている。

以上のように、戦時下の知識人の態度は、参加・転向・抵抗という基軸に即してみても多様かつ多義的であり、しかもそれらが相互に結びついている場合が少なくない。したがって、その点を理解することなく、一つの図式や枠組みだけで戦時下の知識人を裁断することは、生きた（リアルな）歴史の把握にはならないであろう。多様な視点がありえるし、必要だということを重視したい。なお、戦時期といっても、新体制期を挟んで、それ以前と以後では状況は大きく変化しているから、各時期の特徴を踏まえて知識人の動きを追うことにしたい。

①―日中全面戦争と知識人

日中戦争前夜の状況と反ファシズム文化運動

「満州事変《まんしゅうじへん》」以降、中国侵略と連動して顕著となったファシズム化の動きは、一九三三(昭和八)年の滝川《たきがわ》事件、ついで天皇機関説《てんのうきかんせつ》を葬り去った三五(同十)年の国体明徴《こくたいめいちょう》運動と大本教《おおもときょう》に対する徹底的弾圧、さらに三六(同十一)年の二・二六事件とその後の統制によっていちだんと強まった。そして三六年十一月には日独防共協定《にちどくぼうきょうきょうてい》が締結された。こうした急激なファシズム化に対して、三六年二月の総選挙では機関説排撃に与《くみ》した政友会《せいゆうかい》が敗北する一方、無産政党《むさんせいとう》が躍進し、総選挙直後に起こった二・二六事件に対して国民の反軍感情が高まりをみせた。また、スペイン、フランスでの人民戦線《じんみんせんせん》派の勝利に鼓舞《こぶ》されて、三六年七月には雑誌『改造』が「人民戦線と日本」、九月には『中央公論』が「日本人民戦線の胎動」と題してそれぞれ特集を組み、左翼《さよく》および自由主義的知識人が反ファシズムの人民戦線・統一戦線のあり方をめぐってさまざまな提起を行っている。この人民戦線をめざす動きは、無産政党指導部などの未熟さと弾圧によって結局未発に終るが、この時期にはファシズム化に対する危機感から、さまざまな知識人集団や言論機関による反ファシズム文化運動が粘り強く続けられた。

一九三二(昭和七)年十月に結成された唯物論《ゆいぶつろん》研究会(略称、唯研)は、「現実的な諸課題より遊離することなく、自然科学、社会科学及び哲学に於ける唯物論を研究し、且つ啓蒙《けいもう》に資することを目的」(規約)とする文化団体であったが、共産党中央とプロレタリア文化運動▲組織が解体した三〇年代なかごろには、ほとんど唯一の合法的左翼文化組織とみなされるようになった。しかし、唯研の中心人物であった戸坂潤《とさかじゅん》は、従来の左翼運動のあり方に対して批判的であった。

唯研の研究会は当初から特高《とっこう》警察の監視下におかれたが、そうした状況下にあって、戸坂は学問の自律性と組織の合法性擁護を重視し、「名船長」として一九三八(昭和十三)年二月に解散を余儀なくされるまで唯研をリードするとともに、研究と批評活動を通じて合法的・積極的抵抗を貫いた。戸坂は『日本イデオロギー論』(一九三五年)、『思想と風俗』(一九三六年)、『世界の一環としての日本』(一九三七年)などをつぎつぎと著し、ファシズム思想(全体主義的日本主義)とそれに傾斜していく思想潮流に方法的批判を加える一方、「甚だ不徹底」とはい

▼**プロレタリア文化運動**　一九二〇年代から三〇年代にかけて行われた、革命運動の一翼としての文化運動。プロレタリア文学の成立を皮切りに、演劇・美術・音楽などにも波及し、一九二六年には日本プロレタリア芸術連盟が結成された。その後、混乱・分裂したが、二八年には全日本無産者芸術連盟(ナップ)が結成され、ナップ所属の作家たちの創作活動は大きな影響力をもった。さらに一九三一年には、芸術と科学の一二団体を統合した日本プロレタリア文化連盟(コップ)が組織されるが、満州事変後の弾圧の強化と転向を機に運動は後退し、三三年から三四年にかけて所属文化団体はつぎつぎと解散した。

●——戸坂潤（唯物論研究会時代）

え、ともかくも明治以来「普及した社会常識としての自由主義思想」（『日本イデオロギー論』）をよりどころとして、反ファシズム「文化人民戦線」の形成をめざし多彩な言論活動を繰り広げたのである。

ところで、一九三〇年代なかごろには、反ファシズム文化運動をめざすあらたな集団とメディアがつぎつぎと登場している。『労働雑誌』『人民文庫』『社会評論』『世界文化』『土曜日』『学生評論』『リアル』などは、いずれも一九三五、三六年に創刊された雑誌・新聞である。また、三〇年代後半には、全国紙など巨大マスコミの批判力の後退が著しくなったのに対して——たとえば『東京朝日新聞』は、五・一五事件、滝川事件を批判し、「国体明徴」に対しても批判的だったが、二・二六事件を機に軍部の圧力に屈して自主規制を著しく強め、自由主義的傾向の「清算」につとめた——メディア批判に力をいれた長谷川国男《はせがわくにお》編集発行の『時局新聞』（一九三二年八月創刊）や太田梶太《おおたかじた》編集発行の『現代新聞批判』（一九三三年十一月創刊）、個人雑誌である桐生悠々《きりゅうゆうゆう》の『他山《たざん》の石』（一九三四年六月創刊、ただし当初は『名古屋読書会報告』）、正木《まさき》ひろしの『近きより』（一九三七年四月創刊）などの批判的言論が、むしろ目を引くようになったのである。

このうち『労働雑誌』は、妹尾義郎《せのおぎろう》を編集発行責任者として一九三五年四月創刊、三六年十二月に終刊するまで計二一冊発行されている。『労働雑誌』は、前記の人民戦線運動の一翼を担う機関誌的性格をもつとともに、「読者の声」を重視し大衆の啓蒙をめざす有力な大衆誌で、発行部数は最初三〇〇〇部、最高七〇〇〇部におよんだといわれる。また『人民文庫』は、武田麟太郎《たけだりんたろう》、本庄陸男《ほんじょうむつお》の編集で一九三六年三月創刊、三八年一月終刊までに計二六冊、毎号四〇〇〇〜五〇〇〇部発行されており、『労働雑誌』に執筆していた多くの左翼系作家が参加している。革命運動の壊滅と三三年以降の転向の状況下に生まれた『人民文庫』による文学運動は、従来の左翼文化運動の政治への従属性と大衆からの乖離《かいり》に対する反省をともない、一方、同じく転向から生まれた保田与重郎《やすだよじゅうろう》らの日本浪曼派《にほんろうまんは》▲のロマン主義に対して、「散文精神」を対置したものであった。

『世界文化』『学生評論』『土曜日』『リアル』は、いずれも京都の知識人・学生グループによって担われている。『世界文化』の前身『美・批評』(第一次・二次)は美学プロパーの同人雑誌であったが、とくに第二次『美・批評』に参加した同人たちは、滝川事件の経験を共有していた。滝川事件をたたかう過程で民主主義的

▼日本浪曼派　文芸同人誌『日本浪曼派』(一九三五年三月〜三八年八月)の同人たちと、彼らが唱えた文学的立場をさす。雑誌は、保田与重郎、亀井勝一郎《かめいかついちろう》ら六人により創刊。近代日本に対する懐疑と故郷喪失感をいだき、プロレタリア文学運動壊滅後の状況において、一切の「政治的なもの」を排除して美的感覚の世界に自由を求め、日本の美的伝統に回帰していった文学的流派であり、当時の日本主義の潮流に棹さすものであった。ある種の青年たちは保田らのロマン的解体感覚に共感したが、日本浪曼派はそうした共通感覚の符牒となった。

●――『労働雑誌』創刊号

●――『人民文庫』創刊号

討議の経験をもった学生たちは、事件後の大学と大学人のあり方に不信感を強めた。そうした経験から若い知識人たちは、アカデミズムの外に理論の探究と討議の場を求めて『美・批評』に参加し、さらに、より広汎な思想・文化雑誌『世界文化』の創刊（一九三五年二月、『美・批評』改題）に踏み切ったのである。おもなメンバーは、美学の中井正一《なかいまさかず》、辻部政太郎《つじべまさたろう》、哲学の富岡益五郎《とみおかますごろう》、真下信一《ましたしんいち》、久野収《くのおさむ》、文学の新村猛《しんむらたけし》、和田洋一《わだよういち》、歴史学の禰津正志《ねずまさし》、物理学の武谷三男《たけたにみつお》らで、大半が二〇歳代なかばから三〇歳前後の知識人であった。

『世界文化』の創刊の辞（無署名）は真下信一が書いたものだが、そこには、急激なファシズム化とマルクス主義の退潮・転向という状況のもとで、若い知識人が直面した「不安」と「ニヒリズム」が率直に述べられ、それを克服しようとする決意が表明されている。おそらく、マルクス主義の受容が信念的・世界観的な次元のものであっただけに、動揺は大きくニヒリズムに陥ったのであろう。

『世界文化』は、「日本主義」や「日本文化」ばかりが語られる状況のなかで、「世界文化情報欄」を設けるなどして「世界文化」への窓口の役割を担い、欧米の知識人の反ファシズム運動に期待と共感をよせ、反ファシズム文化運動を志向し

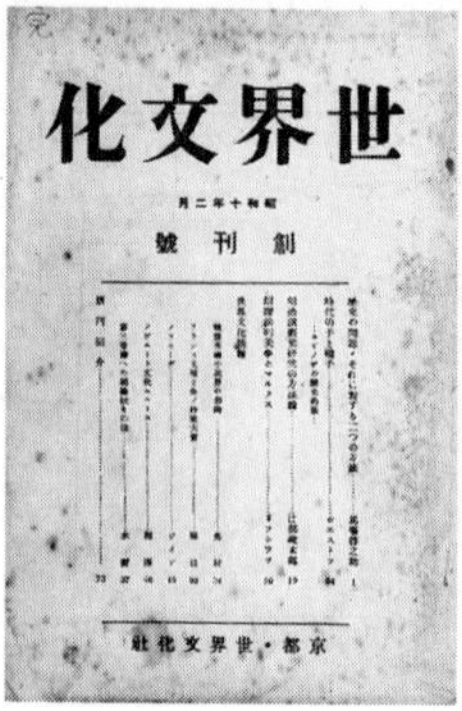

●―『世界文化』創刊号

●―『世界文化』創刊号（一九三五〈昭和十〉年二月）の創刊の辞

歴史に於ける一つの歴史的な時代として此《こ》の時代を特徴づけるのは、確かに当つてゐる。これまでの時代の何とか解釈のつけ得られた、あり来りのテムポが、破られて、乱れて、所謂《いわゆる》『非常時』――危機――なのである。ふとふりかへつて見て、自分の立つてゐる舞台に気がついた時、ひたすら今まで努めてゐた自分の努力が、これでいゝのか、それともいけないのか、疑はれて来る。時代のテムポがすつかり変つてゐて、自分がそれについて行けるか、行けないか、に迷ふ。不安。今までのものが無意味に見える。ニヒリズム。正に此の様な不安とニヒリズムとに、此の時代のインテリゲンツィアの敏感な部分が今、立つてゐる。学問文化への不信頼と絶望。だが、まじめな頭と胸とは、到底此の様な不安と絶望には堪へられない。新しい、しつかりした、もう再びは背かれることを知らない文化の、大通りを探し求めざるを得ない。その様な世界文化の大通りこそは、たゞまじめに努力する人々にのみ踏まれるであらう。努力すると云ふことは、動いてゐると云ふことだからである。だから、この雑誌も、出来上つた、一定の場処に落ついてゐる人々のものではなくて、たえず、本当のもの、正しいものを求めつゝ、動いてゐる人々の友である。真理の扉を、たゝくことを忘れないでゐる真摯《しんし》な手によつてのみ、この雑誌は育てられるであらう。

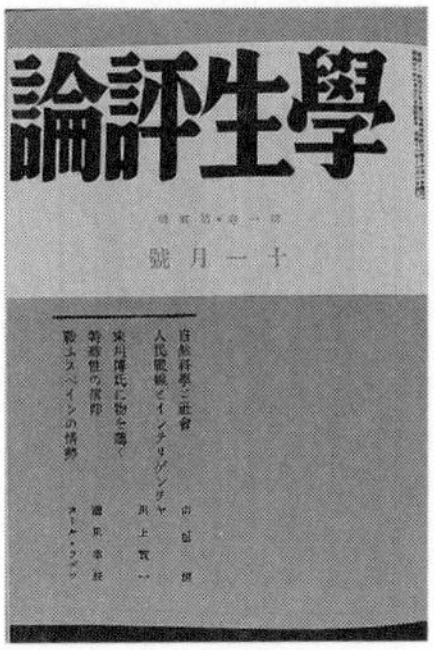

●—『学生評論』創刊号

たのである。

『学生評論』は、京大学生らによって一九三六年五月に創刊された学生向けの評論誌である。これは一九三五年五月の滝川事件記念集会を報道しようとした京大新聞部の学生が、新聞部長西田《にしだ》直二郎《なおじろう》に拒否されたのに抗議して新聞部を脱退したことが、発刊のきっかけになっている。『学生評論』は、全関西さらには全国の学生の自主的総合雑誌たることをめざし、一九三七年七月まで通巻九号、毎号一二〇〇〜一三〇〇部発行された。なお、滝川事件で京大を去った学者やジャーナリスト、『世界文化』の先輩知識人などが支援しており、『世界文化』の影響が顕著である。

一九三六年七月に創刊された『土曜日』は、俳優の斎藤《さいとう》雷太郎《らいたろう》が発行していた文化新聞『京都スタジオ通信』を改題した新聞（月二回発行、一九三七年十月五日付の四二号が最終号）で、タブロイド判六ページ立て定価三銭、ほかに広告主である喫茶店などに進呈され二〇〜三〇部ずつおかれた。平均四〇〇〇部、多いときは七、八〇〇〇部に達したといわれる。『土曜日』は、『世界文化』のような知識人中心の文化運動から飛躍し、市民大衆と結びついたという点で画期的であ

●——中井正一（一九四七年ころ）

った。『土曜日』は、『世界文化』の「理論的啓蒙」重視の文化運動のスタイルに対して「感性と軽やかさのスタイル」（久野収）を特徴として読みやすくつくられており、また、読者が執筆者となって書くことの意味が意識的に追求されている。それは、従来の知識人と大衆、記事の送り手と受け手という一方的関係を克服しようとする試みであり、中井正一らが追求した、あるべき大衆文化の創造をめざす実践であった。

毎号第一面に中井と能勢《のせ》克男《かつお》が書いている標語——「秩序が万人のものとなる闘ひ・それが人間である」「爽やかな合理のこころを持ちつづけて」（中井）、「我々の市民権の根底には明るいものがある」「政治は民衆の合理力の上に立つてる《（ママ）》」（能勢）など——と巻頭言は、「民衆」「市民」の「合理」性に絶大な信頼が託されているかにみえるが、急激なファシズム化の流れのなかで、それに抗するためには、大衆のなかにある合理性を信頼しそこに希望を託す——それ以外に術はない、という追いつめられた事態をあらわしているとみるべきであろう。

（1）第二十二號　（昭和十一年九月三十日第三種郵便物認可）　昭和十一年十二月五日

生活に對する勇氣

精神の明断　隔てなき友愛

土曜日

午后の想ひと憩ひ

編輯・能勢克男

3セン

ブラド博物館長になつた

畫家ピカソ

尾去澤の慘事は不可抗力か

無限の幸福感

〝第九〟と〝斷層〟

豊年が素通りする

東北の農村

腹がへつては戰さが出來ぬ

〝兵農兩全〟豫算三十億

價格騷動の中に聞ゆるもの

眞理は見ることよりも、支へることを求めてゐる

或人達は或は世の中はもつと悪くなるかもしれないと云ふ。そのいろいろの理由をあげその必然を説いて現れる。

そして若い人達が無邪氣に眞理を眞理とし、欠乏を欠乏として主張するとき、そんなことは今の時勢では通らないし、無駄な努力だと云ふ。

そして、何時かよい日が向ふから歩いて來るかの様に僅かな行動をも止め、又他の行動を批判し、嘲笑する。

世の中がもつと悪くなることを知つてゐることが、あたかも歴史の全部の知識であるかの如く、辯證法の全部であるかの如くである。

果してさうであらうか。

地圖に描いた線の様に、圖式的に一つの點から他の點に歴史がその道を辿るものだらうか。辿ると云つて横から見てゐていゝ筈のものだらうか。

さうではない。

一つの動きから他の動きに移る僅かな移動の、その動きのモトはなんであるか。それをもう一度形へなほさなければならない。

生活の眞實が、有ゆる無理な暴力に抵抗する、その抵抗の眞實が、歴史の凡ゆる動きのモトではないのか。

世の中が悪くなれば、その無理な暴力に更に抵抗する自然な力が、歴史そのものを動かせてゐるのであつて、善くするも、悪くするも、日常の小さな人々の正しさを支へる主張の上にかゝつてゐるのである。

人々の小さな欠乏が、その欠乏を自覺して正しくその主張を高めることによつて、歴史と生活が、その方向を正しく變へて來るのである。

眞理は平常の小さな形の中にかくれてゐるのであつて、大げさなポーズや、知つたかぶりな圖式の中にあるわけではない。

どんな大きな聲で演説して見ても、旗と行列を何年繰返して見ても、何の英雄も一番簡單な肉の値段を一錢でも下げることは出來なかつたではないか。否、數字はその反對を默つて物語つてゐる。

眞理と勝利は常に日常の生活の味方である。

自分達の小さな生活の周圍の、どんな小さな正しい批判も、どんなさゝやかなる行動も、それは歴史を一端より一端に移動せしめる巨大なる動きのモトとなり得るのである。

歴史は横から見られるよりも、その中に入つて、それを支へることを求めてゐる。男も女も諸君の一つ一つの小さな手が、手近な生活の批判と行動を手離さない事を、眞理は今や切に求めてゐる。

土曜日

●──『土曜日』第22号（1936〈昭和11〉年12月５日）

「挙国一致」と言論弾圧

一九三七（昭和十二）年七月の日中戦争の開始は、国内の政治情勢を大きく転換させるとともに、二・二六事件前後から高まっていた国民の反軍感情や政治不信を吹きとばす効果をもった。

二・二六事件後成立した広田弘毅《ひろたこうき》内閣の軍拡財政は、国民生活を直撃して生活不安を増大させ、一九三六年から三七年にかけて勤労者の自然発生的反抗が広がっていた。加えて、広田内閣の総辞職から林銑十郎《はやしせんじゅうろう》内閣成立にいたる過程での陸軍の露骨な政治干渉▲は、国民の反軍感情をつのらせ、林内閣解散後の三七年四月の総選挙では反政府側が圧勝し、社会大衆党《しゃかいたいしゅうとう》が躍進した。不評だった林内閣が倒れ近衛文麿《このえふみまろ》内閣が成立してからも、膨大な軍事予算と国民生活の安定は矛盾相克するものだという判断は依然として有力であった。

ところが、日中戦争の勃発は「挙国一致《きょこくいっち》」状態をつくりだし、戦争前夜にみられた右のような「国民的政治常識」（戸坂潤）は消しとんでしまったのである。この点について戸坂潤は、戦争の勃発が「政治的には戒厳令《かいげんれい》的な作用」をおよぼし、国防献金《こくぼうけんきん》や千人針《せんにんばり》にみられるような「銃後《じゅうご》の熱誠《ねっせい》」、すなわち「観念的な挙国一

▼**陸軍の政治干渉**　一九三七年一月広田内閣の総辞職後、陸軍と政党との対立緩和のために、政党との関係のよかった予備役陸軍大将の宇垣一成《うがきかずしげ》が推薦され大命がくだった。政党、ジャーナリズムはこれを歓迎したが、陸軍は前年復活した軍部大臣現役武官制《ぐんぶだいじんげんえきぶかんせい》を利用して陸相推薦を拒否し、宇垣内閣の成立を阻んだ（いわゆる宇垣内閣流産事件）。

致」をもたらしたと指摘している。

盧溝橋《ろこうきょう》事件勃発後の七月十一日、近衛首相は華北派兵《かほくはへい》を声明し、ただちに新聞・通信社、両院、財界代表に「挙国一致」への協力を要請、これに対し、政友会・民政党《みんせいとう》・社会大衆党代表を含む各界代表は協力を誓った。十三日、内務省は「時局ニ関スル記事取扱方ニ関スル件」を通達し、新聞・通信社、主要雑誌発行所への警察の指導を要請した。通達は日本軍の軍事行動に関する記事差止めを求め、その項目として、①反戦・反軍的言論や軍民離間を招く事項、②日本国民を好戦的と印象づけ、日本の国策を侵略主義的と疑わせるおそれのある事項、③日本を誹謗《ひぼう》し日本に不利となる外国新聞の記事を転載すること、などをあげている。さらにその後も、出版物取締りに関する通達があいついで発せられ、戦争に関する報道・論説を含む言論全般が、満州事変時に比して格段に厳しい統制下におかれることになったのである。

こうした統制のもとで、ラジオと新聞は、軍や政府の発表どおり、日本軍の出兵は自衛権《じえいけん》の発動であって、「支那《しな》軍の暴戻《ぼうれい》を膺懲《ようちょう》」することが目的であると強調し、「支那軍」の「暴戻」ぶりをセンセーショナルに報道して敵愾心《てきがいしん》を煽《あお》りたてた。新聞のこうした報道ぶりは、一面では読者の排外主義《はいがいしゅぎ》的熱狂に呼応したものであったが、新聞側も戦争報道で読者を引きつけて売上げを伸ばすために、報道合戦に力をそそいだのである。

『出版警察報』▲から出版物の処分状況をみると、日中戦争開始後の一時期、戦争に関する報道や批評を理由に処分(発売頒布禁止・削除・注意など)された出版物が増加しているが、それは前記の記事差止め違反および安寧紊乱《あんねいぶんらん》を理由としている。さきに指摘したような新聞報道が、厳しい検閲《けんえつ》と表裏一体のものであることはいうまでもないが、検閲処分の強化は、とりわけ総合雑誌などの批判的なジャーナリズムや、さきに掲げた反ファシズム文化運動のメディアであった新聞・雑誌にとって致命的であった。また、文化運動や社会民主主義系その他の合法的運動などにも治安維持法《ちあんいじほう》が適用されるにおよび、知識人たちに大打撃をあたえることになった。

以下、日中戦争開始後に検閲処分を受けた雑誌の論説・小説などのうち、おもなものをあげる。

『中央公論』一九三七年九月号では、矢内原忠雄《やないはらただお》「国家の理想」が、「帝国ノ公明

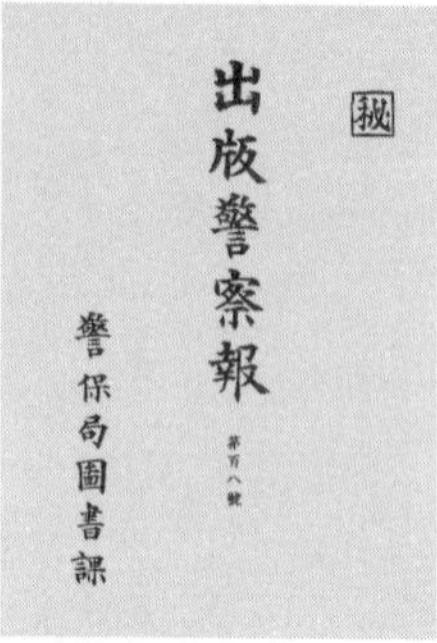

▼**『出版警察報』**　出版物の検閲に関する事務を担った内務省警保局図書課から、一九二八年十月に創刊された月刊誌で、四四年三月まで刊行された。出版取締りの基準および参考資料として、内務省検閲担当官、都道府県警察の出版取締り担当部課などに配布された。毎月の出版物の内容傾向・発行状況・取締り状況などが掲載されている。

●『改造』一九三七年九月号

ナル態度ヲ誣妄《ふもう》」したなどの理由で全文削除、近松秋江《ちかまつしゅうこう》「剛と柔」が、「支那側ヲ弁護スルガ如キ記述」を理由に一部削除。『改造』九月号の巻頭論文、大森義太郎《おおもりよしたろう》の「飢ゆる日本」は、第一次世界大戦時ドイツの例を引いて、軍事費の増大が国民生活の窮乏化をもたらすことを指摘した論説だが、「国民ノ志気《しき》ヲ沮喪《そそう》」させ「反軍又ハ反戦思想ヲ醸成セシムル虞《おそれ》アリ」として全文削除され、題名が刺激的だとして目次の切り取りまで命じられた。同号ではほかに、いずれも日中戦争に言及した、鈴木茂三郎《すずきもさぶろう》「武力で解決出来ないもの」、水野広徳《みずのひろのり》「支那人は神にあらず」、鈴木安蔵《すずきやすぞう》「若干の問題」が、一部削除されている。『自由』九月号の巻頭論文、大森義太郎の「戦争と言論統制」は、最初の六行以外は判読不能の大幅削除。『人民文庫』九月号は、中山今朝春《なかやまけさはる》の詩「閃《ひら》めく」が「反戦思想ヲ宣伝」するとして、また、物価騰貴による騒擾《そうじょう》事件を描いた間宮茂輔《まみやしげすけ》の小説「あらがね」が、「現時ノ社会情勢ニ鑑ミ此ノ種直接行動誘発ノ示唆的効果大」として、発禁にされている。

このほか、十一月には、鶴彬《つるあきら》の「屍《しかばね》のゐないニュース映画で勇ましい」「手と足をもいだ丸太にしてかへし」などを掲載した『川柳人《せんりゅうじん》』二八一号が、反戦的川

●——鶴彬と自筆の川柳　反戦川柳人として知られる鶴彬(本名、喜多一二《きたかつじ》)は、一九三七年十二月検挙、獄中で赤痢《せきり》にかかり、三八年九月十四日死去。二九歳。写真は二七歳のもの。

柳が多いとして発禁にされている。

一九三八年にはいると、あいつぐ発禁処分のために『人民文庫』が一月号を最後に廃刊に追い込まれた。『文学界』一月号は、石川淳《いしかわじゅん》「マルスの歌」で発禁。『自由』は、一月号第二編集所載の三《み》木《き》清《きよし》「政治の哲学支配」で発禁、二月号では四論文が削除処分を受け、三月号を最後に廃刊を決定している。『婦人公論』二月号では、川上幸子「遺児を抱きて飢餓と貞操の嵐に立つ私」が削除。『中央公論』三月号は石川達三《いしかわたつぞう》の「生きてゐる兵隊」で発禁。『日本評論』三月号では、大場賢《おおばけん》一《いち》「大内兵衛その他」が「人民戦線派」検挙を批判的に論じたかどで削除されている。

だが、二、三月号前後を最後に、総合雑誌などに対する右のような削除・発禁処分は減少した。というのも、後述する人民戦線事件をはじめとする一連の思想・言論弾圧によって、労農派《ろうのうは》や唯物論研究会系統の論客および体制に批判的な自由主義者が退場して執筆者が大幅に交替し、また編集方針にも変更が加えられたからである。なお、このころには、処分を回避するために用いられてきた伏字《ふせじ》がほとんどみられなくなっており、少し前までの伏字の氾濫から状況は一変している。ただし、伏字が禁止になるのは、アジア・太平洋戦争開戦前後のことである。

ジャーナリズム・知識人の抵抗と変貌

さきにあげた雑誌のうち『自由』は、あえて一九三七(昭和十二)年一月という時点で、「自由」を誌名として創刊され、三八年三月号をもって終刊した総合雑誌である。香内三郎《こうちさぶろう》が指摘するように、『自由』は「この時期、黄昏《たそがれ》てゆく、この種メディアの様相を、運命を凝縮して表現」していた。

『自由』は日中戦争開始後も、言論統制を批判した大森義太郎の論説を掲載するなど批判的姿勢を貫き、一九三八年一月にはダブル・ナンバーを試みた。その一月第二編集号の「後記」には、「文化はたとへ戦争によつても消燈されてはならぬのである。この意味で吾々は文化の擁護、のみならず不断の発展のために如何《いか》にかぼそくとも屈することなき努力をつゞけねばならぬ」と記されている。そして「文化の擁護」の立場から、三木清「政治の哲学支配」、清水幾太郎《しみずいくたろう》「文化の自律性の喪失」などを掲載した。三木は、ドイツの哲学者シュプランガーの

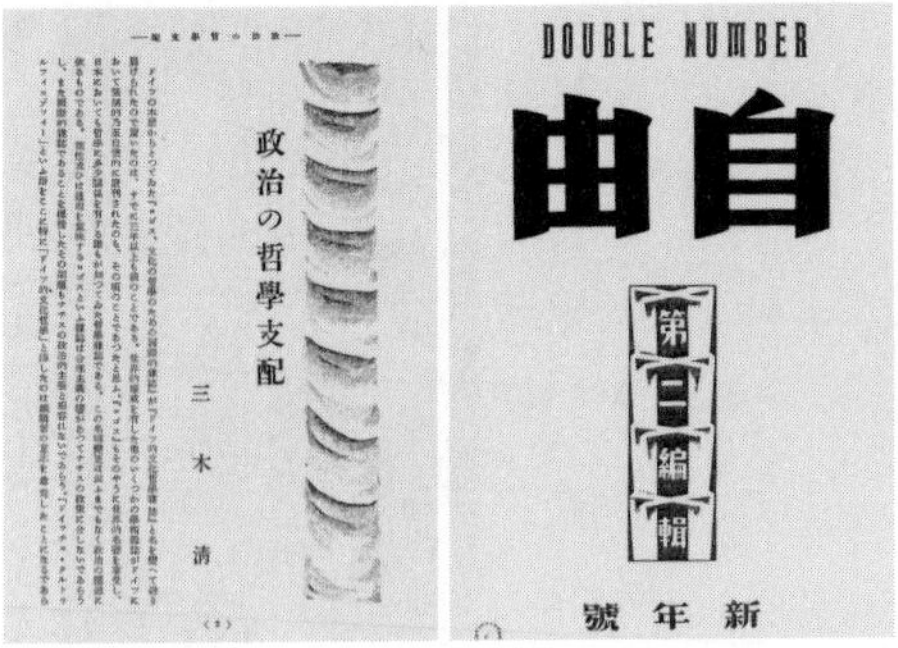

●──『自由』一九三八年一月号と、三木清「政治の哲学支配」

●—三木清(一九三九年ころ)

▼文芸懇話会　内務省警保局長の松本学(一九三二年五月〜三四

『文化哲学の諸問題』を取り上げ、シュプランガーがいかにして政治支配に妥協・屈服していったかを指摘・批判し、「真理を愛する者は政治を単に『権力への意志』に委ねることを許し得ないであらう。……真理への意志は権力への意志の前に屈することができない筈である」と結んでいる。だが、この号は発禁となり、出版元の自由社および取次から回収され、廃棄処分に付された。この種の批判的論説を掲載することは、もはや不可能となったのである。三木自身についてみても、明快な批判はこのころがほぼ最後であり、その後の文章は明らかに後退している。

発禁処分は大打撃であったが、『自由』一九三八年二月号は、以前から準備していた「新人推薦」の特集を組んだ。このうち、中島健蔵《なかじまけんぞう》の推薦をうけた「新人」丸山静《まるやましずか》は、「偶像より神話へ」と題して、新日本文化の会の機関誌『新日本』創刊号(一九三八年一月)に佐藤春夫《さとうはるお》が書いた文章などを鋭く批判している。

新日本文化の会は、日本主義が高揚し知識人の「日本への回帰」現象が顕著となる状況のなかで、もと文芸懇話会▲の松本学《まつもとがく》、佐藤春夫、林房雄《はやしふさお》らによって一九三七年七月に結成され、文壇人をはじめとして著名な文化人が数多く参加し

年七月在職、その後貴族院議員）は、思想対策の一環として左翼思想に対抗する思想・文化運動を企画、三三年七月、日本文化連盟を結成したが、文芸懇話会はその一翼として、松本の働きかけで三四年三月組織された。一九三六年一月、機関誌『文芸懇話会』を創刊。自由主義的な文学者の切り崩しと取り込みをめざしたが、文芸統制をもくろむものとして『人民文庫』などから批判をあびた。会は一九三七年七月十六日解散するが、翌十七日、より広汎な文化人の組織化をめざして新日本文化の会が結成された。

た文化団体である。ちなみに、『新日本』の編集委員には、佐藤、林のほかに、萩原朔太郎《はぎわらさくたろう》、芳賀檀《はがまゆみ》、保田与重郎、浅野晃《あさのあきら》、藤田徳太郎《ふじたとくたろう》らがはいっており、彼らが会運営を推進している。また、会員は三八年初めまでに、長谷川如是閑《はせがわにょぜかん》、武者小路実篤《むしゃのこうじさねあつ》、梅原龍三郎《うめはらりゅうざぶろう》、九鬼周造《くきしゅうぞう》、柳田国男《やなぎたくにお》、山田耕筰《やまだこうさく》、阿部次郎《あべじろう》、北原白秋《きたはらはくしゅう》、斎藤茂吉《さいとうもきち》など四二人が加入している。

丸山静は、「自分の国を自分の国らしくしたい。自分の国の文化を高くしさへすれば国内の外風はみな流れ出して行つてしまふであらう」（佐藤春夫）というような意見がまことしやかに語られる、そういう精神的状況を鋭く批判している。ちなみに、この一年ほど前の、一九三七年二月一日付『東京日日新聞』の評論で、横光利一《よこみつりいち》が「日本人はヨーロッパの文化を擁護すべきか、日本の文化を高めるべきか、日本の知識階級の頭に落ちてきた難問は、今はこれである。返答はただ一つだ。いかなるものもこの返答から逃れられない。今こそ態度を決めるべき時である」と述べており、中野重治《なかのしげはる》がこの「難問提出」を「ナンセンス」で「欺瞞《ぎまん》的」だと揶揄《やゆ》していた。だが、日中戦争開始後には、横光式のナンセンスが「ナンセンス」ではなくなり、中野のような批判の仕方さえもむずかしくなったのである。のみならず、たとえば、林房雄が『新日本』三八年四月号に書いた文章のなかで、「疑似文化は国家の名に於て峻烈に禁止していゝ。検閲を嫌ふことが文化人の常識になつてゐるが、検閲がなかつたならば日本の文化はどうなつてゐるかを考へるべきだ。それこそ百鬼《ひゃっき》昼行《ちゅうぎょう》であらう」と、昂然《こうぜん》と主張する——そういう状況であった。

丸山静は前記の評論で、佐藤春夫とともに新日本文化の会の中心メンバーとして活躍していた日本浪曼派の保田与重郎、芳賀檀、浅野晃に対しても批判を加えている。丸山は「現代を『神話』に変形」しようとする彼らの精神的基底に「自己放棄」をみてとり、「自己の喪失は『自国の文化』を偶像視することから初め（ママ）て、つひに『自分の環境』を見失ひ、自分の周囲を神話化しつつ、結局人間そのものの否定に到達したのである」と批判している。なお、丸山の大学時代の友人であった西郷信綱《さいごうのぶつな》——一九三五（昭和十）年東京大学英文科に入学したが、二・二六事件ののち国文科に移っている——は、戦後の回想のなかで、「わたくしたちは一方ファシズムの力がつよまればつよまるほど、日本やアジアを知ろうという情熱、それらを研究せねばならぬという意欲にとらわれてゆくとゆうコースを歩いた。このことは、丸山が仏文を出てから専攻を東洋史に変えていったのでも知られよう。そこで直面するにいたったのが、保田与重郎らの『日本浪曼派』との対決であった」と述べている。

ところで、『自由』が廃刊された一九三八年三月前後のジャーナリズムと知識人の転向は、実に明瞭にあらわれている。たとえば、一九三五年十一月の創刊以来、批判的ジャーナリズムの立場を堅持してきた『日本学芸新聞』は、三八年二月一日号の「後記」で、「昨年の夏以来、わが文化領域に浸潤してきた各種の障害は我々に前途の困難を偲ばせるものがありました。しかし我々はあく迄も初志貫徹という希望を捨てずに今日まで続けて来ました。しかし今や諸般の客観的情勢は我々をして一時休刊の止むなきに至りました」と述べている。そして一時休刊ののち、三月一日号で社告「新方針に就て」を掲げ、「時局に対する認識を新たにし」「新しき日本文化の全面的な報道者」として再出発することを声明している。そして同号では、「文化の新根張る時！／新日本文化の会のトップに立って／『手術時代』を語る……佐藤春夫氏」という四段抜きの見出しをつけて佐藤と編者川合《かわい》仁《ひとし》の対談を載せている。つづいて四月号で横光利一および川端《かわばた》龍子《りゅうし》、五月号で船田中《ふなだなか》、六月号で杉山平助《すぎやまへいすけ》、七月号で林房雄、八月号で三木清の談話を載せている。

このうち、「この現実に直面せよ！」という見出しをつけた杉山平助の発言が象徴的である。「『排外熱』のお陰で、日本はぐんぐん伸び、よくなつてゐるのだ」「日本は今一歩アヤまればヒドイ目にあふ。だから日本をヒドイ目に逢はしたくない。それが僕の日本主義だ！　理屈はそのアトだ」「この戦争に勝たねば平和はこやアしない。平和なんていゝ言葉だが、それは要するに最早寝言である」等々。杉山がつい一年ほど前まで自由主義的評論家としてならしてきた人物だけに、この変貌ぶりはひときわ目を引くのである。

大学と知識人に対する攻撃と抵抗

矢内原忠雄が『中央公論』一九三七（昭和十二）年九月号に書いた「国家の理想」は、「支那事変による国内大騒ぎの最中」、矢内原自身「ひそかに期する処」あって一気《いっき》呵成《かせい》に書き上げたという論説で、検閲処分覚悟で書いたものであった。

このなかで矢内原は、「国家の理想」は「正義」と「平和」にあり、戦争という手

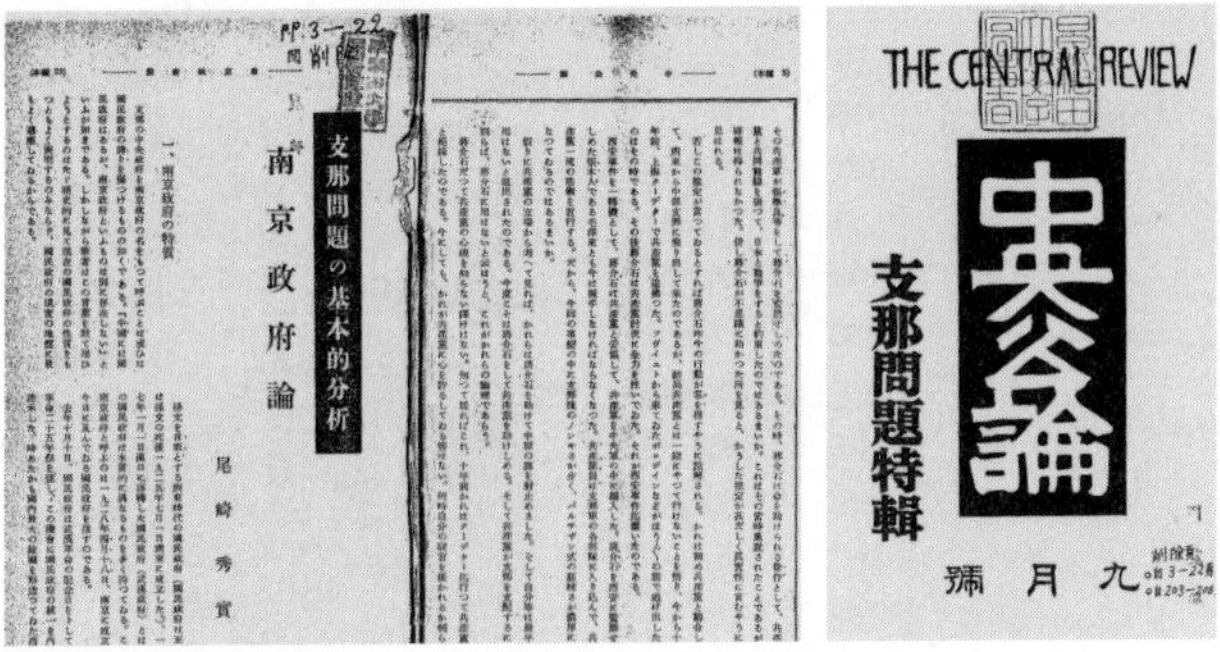

●『中央公論』一九三七年九月号　「国家の理想」の掲載ページが削除されている(早稲田大学中央図書館所蔵)。

段によって弱者をしいたげることは「正義」に反すると主張している。日中戦争には一言もふれていないが——日中戦争を直接に批判することは不可能であった——「国際正義」に反する不義《ふぎ》の戦争と認識していることがうかがえる文章で、前記のような理由で全文削除となった。続いて『民族と平和』(一九三六年三月刊)が安寧秩序を乱すとして発禁処分にされた。出版物に対する処分は、ただちに著者の進退にかかわるものではなかった。ところが、矢内原は一九三七年十月一日の故藤井武記念講演において、「今日は、……理想を失つたる日本の葬《ほうむり》の席であります。……日本の理想を生かす為めに、一先づ此の国を葬つて下さい」と述べており、この発言が——その後、矢内原の個人誌『通信』四七号に掲載され、警察が入手した——矢内原排撃の決め手となった。

矢内原の「戦争国家」批判の言説に対して、内務省および文部省が矢内原の所属する東京帝国大学に圧力をかけ、また時流に乗って発言力を強めていた同大経済学部内の右翼《うよく》教授らが攻撃を加えた。大学側がこれに抗することは困難な状況であり、同年十二月、矢内原はやむなく辞任することになったのである。表だった抵抗は不可能であったが、矢内原を支持し辞職を惜しむ人は少なくな

●──矢内原忠雄(一九四三年、五〇歳)

かった。法学部の南原繁《なんばらしげる》は、十二月一日、「Y君の辞職きまりし朝はあけて葬《はふ》りのごとく集ひゐたりき」と詠《よ》んでいる。

辞職を機に矢内原は非売品の『通信』を廃刊し、一九三八年一月には有料の月刊個人誌『嘉信《かしん》』を創刊した。『嘉信』は聖書研究に重点がおかれたが、「神の義」を説く矢内原は、地上の国家と戦争を一貫して批判し続け、『嘉信』はしばしば発禁・削除・注意処分を受けている。

矢内原事件後の一九三八年二月、人民戦線事件(第二次)によって、東大経済学部教授の大内兵衛《おおうちひょうえ》、助教授の有沢広巳《ありさわひろみ》、脇村義太郎《わきむらよしたろう》が検挙された。これに対して経済学部教授会では、右派の土方成美《ひじかたせいび》学部長らが大内の即時休職処分を提起したが、大内支持派のほか河合栄治郎《かわいえいじろう》らが反対したため、否決された。しかし同年十二月、大内らは起訴され休職処分となった。

一九三八年五月、文部大臣に就任した陸軍大将荒木貞夫《あらきさだお》は、その二カ月後、官吏の任免は天皇大権の一つであり大臣は天皇大権の輔弼《ほひつ》が職務だとして、従来の選挙による総長、学部長、教授などの選任を否定して選挙にかわる方法の提示を大学側に求めた。大学の自治を否定して総長官選をめざす荒木に対して、東大をはじめとする大学側は抵抗した。最終的には「選挙」を「文部大臣に推薦」という言葉に改め、投票用紙を意見書と呼ぶことで妥協が成立したが、実質的には、大学側は従来の選挙制度を維持し危機を乗り切ることができたのである。

この事件以前から、『原理日本』▲の蓑田胸喜《みのだむねき》や彼らと結ぶ両院議員など学外右翼勢力による東大法学部・経済学部の自由主義的教授に対する攻撃は強まっており、とりわけ経済学部の河合栄治郎に攻撃の矛先が向けられるようになった。

マルクス主義に対抗して自由主義の体系化をめざしてきた河合は、一九三三年からは国家主義批判・ファシズム批判に力をそそぎ、さらに天皇機関説事件および二・二六事件に際して敢然と軍部を批判するなど、ミリタントな自由主義者としてきわだち注目を集めた。また、いわゆる「事変後の学生」(「満州事変」後に高校に入学した学生)が、社会問題に背を向け「凡《およ》そ主義と称するものへの欲求を持たないこと」を危惧《きぐ》した河合は、教育者としてこれに向きあい、一九三五年には『学生生活』を著し、ついで三六年十二月刊の『学生と教養』に始まる学生叢書(日本評論社、四一年十月までに全一二巻刊行)の編集・著述に取り組んだのである。

▼**『原理日本』**　『原理日本』は、蓑田胸喜、三井甲之《みついこうし》らによって結成された原理日本社から一九二五年十一月創刊された機関誌で、四四年一月まで刊行された。「原理日本」とは、「国体」「惟神《かんながら》の道」を絶対化する一種の日本原理主義であり、蓑田らはとくに「学術維新」を唱え、反国体的とみなす帝国大学法・経済学部の自由主義的教授を排撃し、社会科学的なものの解体をめざした。彼らは早くから末弘厳太郎《すえひろいずたろう》、美濃部達吉《みのべたつきち》らを攻撃しており、一九三〇年代には滝川事件・天皇機関説事件の火付け役となった。

●――学生叢書(『学生と教養』と『学生と読書』日本評論社)

弾圧と転向、それにともなうマルクス主義の退潮、一方、急激なファシズム化という状況のもとで、学生たちが虚無《きょむ》感と不安をかかえ社会に背を向ける傾向に対して、「いかなる客観の動揺に逢着《ほうちゃく》するも、毅然《きぜん》として動かざる自我」(『学生と教養』序文)を築くこと、これが河合が学生たちに訴えようとしたことであった。

当時、日本評論社で学生叢書の編集に携わった石堂清倫《いしどうきよとも》によれば、「最小限リベラルな人びと」に執筆を依頼したとされ、寄稿者は一五〇人におよんだ。また、美作《みまさか》太郎《たろう》は「『反ファシズム統一戦線』の風土へのガイドブック」となることをひそかに念願していたと回想している。なお、学生叢書は当初からシリーズとして企画されていたのではなく、『学生と教養』が予想外の反響を呼んだため、後続巻が企画されることになったのである。なかでも、『学生と生活』(一九三七年七月)、『学生と社会』(一九三八年六月)、『学生と読書』(一九三八年十二月)などがとくによく読まれた。たとえば、『学生と読書』は一年間で少なくとも二万九〇〇〇部発行されている。こうして、学生叢書はベストセラーとなり「教養ブーム」を巻き起こし、これを機に教養もののシリーズがあいついで刊行された。

●――学生叢書刊行のころの河合栄治郎（一九三七年、慶応義塾にて）

戦時下に学生はじめ若い世代が教養ものに傾倒したのは、それがある種の〝救い〟であり、〝避難所〟であったからなのであろう。

さきに指摘したように、「帝大粛正」の動きが強まるなかで、もっともめだつ自由主義的帝大教授であり、荒木文相の総長官選案に対しても批判の急先鋒であった河合が、攻撃の的になったのである。内務省警保局図書課は、一九三八年五月、河合の『ファシズム批判』（一九三四年）の自発的絶版を出版元の日本評論社に働きかけていたが、十月には、これに加えて『改訂社会政策原理』（一九三五年）、『第二学生生活』（一九三七年）、『時局と自由主義』（一九三七年）の計四著を発禁処分にした。これと並行して、文部省は「社会政策」の講座を担当している河合の処分を求めた。これに対して、十二月に総長に就任した平《ひら》賀《が》譲《ゆずる》は、法学部・経済学部の代表者からなる審査委員会の結論に基づいて、一九三九年一月、経済学部教授会および評議会の決定をへることなく、みずからの判断と責任で河合および河合と対立していた土方成美の休職を文部大臣に具申した。世にいう平賀粛《しゅく》学《がく》がこれである。

総長に対する審査委員会の答申は、河合については、問題とされた河合の国家主義批判はファッショ的国家主義を批判したものであって、大学教授として不適格ではないが、表現に誤解を招く点があると指摘し、あわせて長期におよぶ経済学部の派閥抗争の責任を問い、一方、土方については派閥抗争の他方の責任者としてその責任を問い、両者の休職を具申するというものであった。これに対して、手続き論および筋論からする南原繁らの批判があったが、河合の著書については、表現に誤解を招く点があるというだけでその思想を非としていないから——もちろん思想と表現を切り離すことはできないが——実質的には、外部からの「帝大粛正」の圧力に対して——しかも土方派は外部勢力と内通・結託している——「大学を守る」ために経済学部を「粛正」するという、政治的判断に基づく「喧嘩《けんか》両成敗《りょうせいばい》」であった。河合が自発的に辞職すれば「大学の自治」は保たれるが、それはありえない以上、平賀粛学は学部自治の慣行を破っても大学を守るための術策だというのが、これを推進した法学部長田中耕太郎《たなかこうたろう》らの考え方だったのである。

平賀粛学で河合が休職となった直後の一九三九年二月、発禁処分となった四著について、出版法第二七条の安寧秩序紊乱の容疑で河合は起訴された。第一

河合栄治郎（一九三七年ころ）

土方成美（一九三七年ころ）

平賀譲

河合 土方 兩教授休職に學部動搖す

自治破壞の具狀と 兩者・反對を聲明

總長の決意も牢固

昨夜の河合教授＝圓内は土方教授

教授會を無視 河合教授の聲明書

總長に贊意 荒木文相談

殊勳甲

平賀粛学を伝える『東京朝日新聞』（一九三九年一月二十九日）

掲示板に並ぶ「休講」（『東京朝日新聞』一九三九年一月三十一日）

●――津田左右吉(一九三七年)

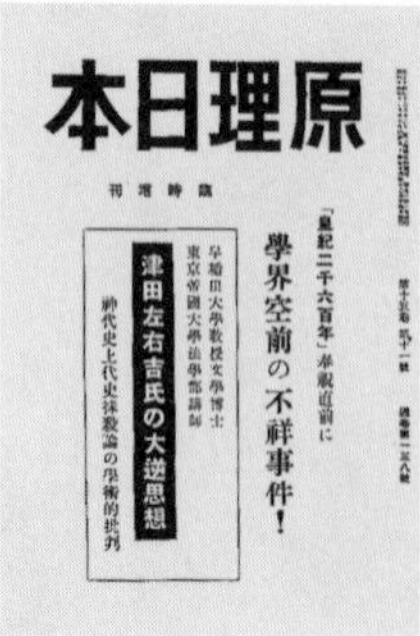

●――津田左右吉を攻撃する『原理日本』(一九三九年十二月)

審は無罪だったが、第二審は有罪で罰金刑、第三審の大審院《だいしんいん》では四三(昭和十八)年六月上告《じょうこく》が棄却《ききゃく》され有罪が確定した。この間、河合はバセドー病をかかえながら裁判をたたかい、また一九四〇(昭和十五)年には『学生に与ふ』、四一年には『国民に愬《うった》ふ』(発売差止め)を著したが、四四(同十九)年二月十五日心臓麻痺でなくなった。

河合事件の翌年の一九四〇年二月、津田左右吉《つだそうきち》の著書『神代史の研究』(一九二四年)、『古事記及日本書紀の研究』(一九二四年)、『日本上代史研究』(一九三〇年)、『上代日本の社会及び思想』(一九三三年)が発禁処分に付され、ついで三月、津田と発行者岩波茂雄《いわなみしげお》が出版法第二六条違反(「皇室ノ尊厳ヲ冒瀆」)のかどで起訴された。津田の記紀《きき》批判の四部作は、かなり以前に出版された学術書であり、右翼のあいだでもさほど知られていなかったようである。だが、一九三八年十一月発行の岩波新書『支那思想と日本』および三九年三月『中央公論』に発表された論説「日本に於ける支那学の使命」が、「東洋」否定論として右翼の攻撃を受け、さらに東大法学部に開設された東洋政治思想史講座の講義を三九年十月から担当したことが、「帝大粛正」の動きのなかで、津田に対する攻撃に拍車をかけることになり、十二月蓑田胸喜らが津田を不敬罪《ふけいざい》で告発、その直後に津田事件が起こったのである。

津田は一九四〇年一月早稲田《わせだ》大学文学部教授を辞し、裁判では四二(昭和十七)年五月の第一審で津田・岩波に有罪判決が言い渡された。これに対して検事局が控訴《こうそ》、津田・岩波も控訴の手続きをとったが、第二審に回付されたまま一年以上も放置された。その結果、事件が時効にかかっていることがわかり、時効により有罪判決は無効になるという結末を迎えた。

以上にみてきたように、日中戦争開始後から一九四〇年ごろまでが、右翼勢力と権力による帝国大学と自由主義的教授に対する攻撃と弾圧がもっとも強まった時期であった。滝川事件以来、とりわけ帝国大学が標的とされたのは、帝国大学が自由主義の牙城《がじょう》とみなされ、「大学の自治」がその砦《とりで》だったからであり、また、ジャーナリズムを通じて影響力をもつ自由主義的学者・知識人が数多く輩出したからであった。権力の尖兵となった原理日本社などの右翼勢力は——その中心は国士館《こくしかん》大学教授の蓑田や右翼学生たちであった——国体論に基づいて執拗に攻撃を加えたが、攻撃の裏には、「特権的」な帝国大学教授に対する反発ないしルサンチマンと、反アカデミズムの情念が伏在していた。

河合事件・津田事件以後、『原理日本』による帝大攻撃は大幅に減少し、大学をめぐる論議も下火になった。前記のような圧迫を受けたとはいえ、丸山真男《まるやままさお》によれば、その後の「東大法学部研究室」は「僅《わず》かに残されたリベラルな空気」を吸うことができる「別世界」であり、「研究の自由」を享受することができる場所であったという。もしもそれに比べるならば、戦時下の日本では、大学のような堡塁《ほるい》を離れて一知識人として生きることは、久野収のいうように、はるかに「不自由」で「危険」だったのではなかろうか。

なお、丸山は、帝大攻撃に対して大学人の多くが危機意識をもっていたわけではなく、「それどころか国防予算が膨大化して研究費が潤ったような部局では、およそ『暗い谷間』とか、研究・教育の不自由の感覚とかには無縁であったというのが私の記憶」だと述べている。

人民戦線事件の衝撃

人民戦線の思想と運動を警戒していた司法当局は、一九三五(昭和十)年夏のコミンテルン▲第七回大会で採択され三六年日本に伝えられた人民戦線戦術に注目し、対策を検討していた。その結果、司法当局はコミンテルンを治安維持法第一条の「国体」変革をめざす結社とみなし(日本共産党は壊滅しているが、コミンテルン日本支部としての共産党は取り消されておらず、その代表はコミンテルンに派遣されているから組織は存続しているとみなす)、人民戦線を唱える合法左翼など非共産党系の結社・グループ・個人を、同法第一条の「結社ノ目的遂行ノ為ニスル行為ヲ為シタル者」として処罰する方針を固めた。要するに、人民戦線的運動は、社会民主主義であれ自由主義であれ、すべて偽装せる共産主義運動として弾圧の対象としたのである。

京都では、文芸同人誌『リアル』関係者の検挙を機に、一九三七年十一月八日『世界文化』の中井正一、新村猛、真下信一、『学生評論』の草野《くさの》昌彦《まさひこ》、『土曜日』の斎藤雷太郎が治安維持法違反容疑で検挙、つづいて久野収、禰津正志、翌年には和田洋一、能勢克男らが検挙された。当局は、当時これを「京都人民戦線的文化運動」と称した(現在では一括して「世界文化」事件と称される)。なお、ねず・まさし(禰津正志)は、取調べにあたった警部補から共産党の綱領や「ディミ

▼コミンテルン　共産主義インターナショナルCommunisit International の略称(Comintern)。一九一九年三月成立、四三年六月解散。各国に共産党をつくり、革命運動を指導した国際共産党組織。モスクワに本部がおかれ各国共産党はその支部として統制に服した。一九二二年七月に結成された日本共産党は、同年コミンテルン日本支部として承認された。ファシズムの台頭とフランスなどでの人民戦線の経験を踏まえて、一九三五年の第七回大会で人民戦線戦術の採用を決定した。

トロフの演説」（コミンテルン第七回大会でのディミトロフ報告）の資料をみせられて、その内容をはじめて知ったと述べている。

検挙者は全体で二十数人におよび、うち一八人が起訴され、全員が有罪判決、一七人が執行猶予つきで、留置場・未決拘置所に二年前後拘禁された。一七人はいずれも「転向」手記を書かされている。『学生評論』関係の永島孝雄《ながしまたかお》だけは、共産党組織の再建をめざした春日庄次郎《かすがしょうじろう》らの共産主義者団に参加しており、懲役三年の実刑を科せられた。結核だった永島は獄中で重症となり一九四二年十月仮釈放になったが、その直後なくなっている。

「世界文化」事件に続いて、一九三七年十二月十五日、三府一道一四県で、加《か》藤勘十《とうかんじゅう》、黒田寿男《くろだとしお》の両代議士、日本無産党・日本労働組合全国評議会（全評）関係者、山川均《やまかわひとし》、荒畑寒村《あらはたかんそん》、猪俣津南雄《いのまたつなお》、鈴木茂三郎らの労農派▲グループなど四四六人が治安維持法違反容疑で検挙（第一次検挙）、翌三八年二月一日には、大内兵衛、有沢広巳、脇村義太郎、美濃部亮吉《みのべりょうきち》などの労農派教授グループを含む三八人が検挙された（第二次検挙・教授グループ事件）。二次にわたる人民戦線事件の検挙者は合計四八四人におよび、日本無産党と全評は治安警察法第八条

▼**労農派**　コミンテルン・日本共産党の革命戦略および講座派の理論に対立したマルクス主義者のグループ。堺利彦《さかいとしひこ》、山川、荒畑、鈴木、猪俣らによって発行された月刊誌『労農』（一九二七年十二月〜三二年六月）に由来する。講座派が天皇制・地主制などの絶対主義的・半封建的性格を重視したのに対して、労農派は近代的・ブルジョア的性格を強調した。労農派は特定の政治組織をもたず、無産政党などにある程度の影響をおよぼしたほかは、総合雑誌などジャーナリズムでの活躍がめだった。

人民戰線派に第二次鐵鎚
官私大の教授等九名
大内、有澤、美濃部ら中堅學究
今曉全國に總檢擧
五時間の懇談拘引
大内邸へ係官八名
大森らと聯絡
檢擧事情

●人民戦線事件第二次検挙を伝える記事(『東京朝日新聞』一九三八年二月二日)

により結社禁止となった。これに対して社会大衆党・全国農民組合・東京交通労組などは関係者を除名するとともに、方針の転換・改組をはかった。こうして合法左翼は崩壊し、労農・無産団体の組織的転向が生じたのである。

山川、荒畑、鈴木らは一・二審とも有罪判決を受けたが、上告審中に敗戦となり治安維持法廃止により免訴となった。一方、教授グループは二審までに全員無罪が確定したが、検挙以来六年をへている。検挙後、彼らは大学での職を失いジャーナリズムから閉め出された。美濃部亮吉は、政府の狙いは、マルクス主義理論に基づいて反戦・反ファシズム的論文を発表し影響力をもつ学者たちを閉め出すことにあり、その目的は十二分に達せられたのだと述べている。

当時『改造』の編集者だった水島治男《みずしまはるお》によると、一九三七年十二月二十五日、内務省は総合雑誌の責任編集者に出頭を求め、担当官が「人民戦線派の検挙に踏み切ったのは、彼らが合法的な雑誌、新聞等に執筆して反戦運動を挑発し、国内治安を乱すおそれが多分にあったからである。……今回検挙された者たちは勿論《もちろん》、同傾向の者の執筆は今後一切非合法扱いにする方針であるから、充分注意していただきたい」という趣旨の説明をしたといわれ、美濃部のとらえ方

●唯研関係者のピクニック（一九三六年）　前列左から松本慎一、粟田賢三、武田武志、古在由重。後列左から松原宏、堀江邑一、三人おいて戸坂潤、隣に古在美代、沼田睦子、右端今野武雄。

を裏づけている。なお、内務省は三七年十二月二十七日（三八年一月説、三月説もある）には、岡邦雄《おかくにお》、戸坂潤、宮本百合子《みやもとゆりこ》、中野重治、林要《はやしかなめ》、堀真琴《ほりまこと》、鈴木安蔵の七人を指名して（人物の指名は、出版されたものに対する検閲という枠をも逸脱しているし、宮本、中野は保護観察処分に付され、観察下で執筆してきている）、その執筆原稿を新聞・雑誌に掲載するのを見合わせるよう、出版社などに指示している。ただし、これは一時的な措置であった。

　こうした情勢のもとで、唯物論研究会では一九三八年一月、岡邦雄と戸坂潤が「唯研そのものに迷惑がかかってはならぬ」との判断から幹事を辞任したが、教授グループ事件が起こり唯研弾圧が予想されたため、二月十二日には研究団体である唯研を解散、学芸発行所に改組し、機関誌『唯物論研究』にかえ月刊誌『学芸』を発行することとした（『学芸』は六六号〈一九三八年四月〉〜七四号〈三八年十二月〉まで刊行）。

　唯研解散に際して、戸坂は『唯研ニュース』で次のように記している（以下の引用は『戸坂潤全集』別巻による）。「会設立以来、正に五カ年五カ月、多少の感慨なきを得ない処であるが、この際感傷的になるのは、あまり道徳的ではない」、

「広く私の仕事の上の友達等に（自分流の）楽天説と冒険主義とからなるロマン主義と理想主義をお勧めしたいと考える。……序でにもう一つ、よろしくないものをお勧めしたいと思う。それは或るニヒリズムとシニズムだ。唯研がなくなった、ああそうか、と云っていればいいではないか。悲壮なものなど糞喰《くそく》らえだ。少なくともその方が『得』なのである。私は損得から専《もっぱ》ら物を考える。之《これ》を唯物主義と云わば云え」と。

唯研の研究団体から営業体への転換に対して「世間では唯研の転向を云々」したというが、「吾々は今回の変質が、所謂《いわゆる》転向であるかどうか、知る処ではない」と、戸坂は述べている。戸坂自身はむろん非転向であった。

しかし、検察はこれまで公認されてきた唯研を、遡《さかのぼ》ってコミンテルンならびに日本共産党の「外郭《がいかく》団体」とみなし、一九三八年十一月二十九日、警視庁特高が唯研の主要メンバーである岡邦雄、戸坂潤、永田広志《ながたひろし》らを治安維持法違反容疑で一斉検挙した。同じ時期、「京浜《けいひん》グループ」と呼ばれた京浜地方の労働者グループに講師としてかかわっていた古在由重《こざいよししげ》、松本慎一《まつもとしんいち》らも検挙されている。この第一次検挙では、検挙者は全国で三五人におよんでいる。これに一九四〇年一月の第二次検挙を加えると、検挙者は一〇〇人を超えるといわれる。

右のうち、警視庁管轄で検挙・起訴された一四人についてみると、第一審は全員有罪、八人が控訴。第二審では全員有罪、岡、戸坂、永田、伊藤至郎《いとうしろう》、伊《い》豆公夫《ずきみお》の五人が上告したが、一九四四年四月、右五人に対して上告棄却の判決がくだっている。四四年九月下獄した戸坂は、四五年八月九日獄死。永田と伊藤は持病が悪化し、戦後まもなく死亡している。

転向政策の転換と「～への転向」

日中戦争の開始にともなう国家総動員と、人民戦線事件をはじめとする一連の弾圧は、合法左翼や反ファシズムを志向する文化団体を壊滅させるとともに、労農・無産団体などの組織的転向、集団転向をもたらした。合法左翼は、共産主義とは質的に異なると認知されたから「合法」だったわけだが、いまやそれが否定された以上、国家総動員という国策に向けての積極的転向、国体思想への転向が求められたのである。そういう意味で人民戦線事件は、転向史上の第二の画期となったのである。

一九三三(昭和八)年転向の段階においては、転向は権力の強制への屈服であるとともに、しばしば革命運動の欠陥や歪《ゆが》みに対する不信・批判あるいは自己批判を動機としており、転向の基準も革命運動・マルクス主義・反国体思想からの距離にあった。だが、司法関係者の一九三六年末の申合せでは転向は五段階に分けられ、第一段階は「マルクス主義の正当性を主張または是認するもの」、第二段階はマルクス主義に対しては「無批判的」で「自由主義個人主義的態度を否定し得ざるもの」、第三段階は「マルクス主義を批判する程度」のもの、第四段階は「完全に日本精神を理解」したと認められるもの、第五段階は「日本精神を体得して実践躬行《きゅうこう》」する域に達したものとされ、このうち、「日本精神」を「理解」さらには「体得」「実践躬行」したとみなされなければ、転向とは認められなくなったのである。これは、「転向者」にさらなる転向——真の転向——をうながすための基準であり、こうした転向政策の転換のもとで、「〜からの転向」から「〜への転向」への転換といわれる事態が生じたのである。そしてこの基準は、その後「転向者」のみならず、一般の社会活動を行う者すべてに適用されることになったのである。

●—島木健作（一九三七年ころ）

●—『生活の探求』（河出書房、一九三七年）

なお、転向政策の一環として「転向者」の国策協力活動が奨励された。たとえば、一九三八年六月ころ、かつての思想犯で中国大陸にあるものは約二〇〇人におよぶといわれ、彼らは宣撫《せんぶ》工作などに従事している。また、獄中の非転向者に対して、宣撫班に参加すれば仮釈放を認めるとして、転向に誘導するケースもあったといわれる。

この時期の「～への転向」への転換を象徴する小説が、島木健作《しまきけんさく》の『生活の探求』（一九三七年十月、続編三八年六月）であった。『生活の探求』は、東京での学生生活に終止符を打ち故郷の農村に帰った主人公が、東京の生活で身につけた「観念的」なものを一切すてて百姓仕事に打ち込み、「生産的」「建設的」生活に新しい価値をみいだそうとする求道的な姿を描いた作品で、刊行後半年たらずで五〇刷を重ねるベストセラーとなった。それ以前の島木の作品は、転向文学といっても、むしろ再転向や革命運動批判をともなった運動の再建をテーマとしていたが、『生活の探求』は、自分の過去を積極的に清算し「「心から」の転向」（本《ほん》多秋五《だしゅうご》）に踏み出すという点で、画期をなす作品となった。その後の島木は、満州移民などの国策にそった作品を書き、誠実に転向を繰り返しながら「完全転向」にいたるのである。一部の文学者や読者の『生活の探求』に対する批評には手厳しいものが少なくなかったが、多くの読者は共感をもって迎えた。

若月俊一《わかつきとしかず》は、学生時代左翼運動にかかわり、その後転向して東大分院の外科医局で研究生活を続けていたが、一九三八年の秋に『生活の探求』に出会っている。若月は、『生活の探求』には「イズム以前の、あるいは以後の、いわば思想的立場をこえての庶民の実生活に徹しようとする生き方の追求があった。明らかに敗北からきた虚無や諦観《ていかん》もひそんではいたが、働く者どうしの共感を育てていこうとする主人公の姿勢には、人生に基本的な積極性があると感じられた」と、のちに述懐している。若月には転向への負い目と観念的左翼運動への批判があり、その点で島木の転向小説とふれあうものがあった。『生活の探求』との邂逅《かいこう》を機に、若月は「人民の中へ(ヴ・ナロード)」とあゆみだし、技術インテリとして民衆の生活問題に取り組むことをみずからの使命とした。そして、工場災害問題や農村医療に取り組んでいったのである。

『生活の探求』に対する共感は、当時三十二、三歳で東大経済学部講師だった大河内一男《おおこうちかずお》にもみられた。大河内は、「社会の変革、革命などという、いわゆる

『天下国家』の対決論はしばらく棚に上げておいて、いままで忘れていた自分の生活の日々の足元や身のまわりの問題の中へ新しく自分を沈潜《ちんせん》させ、そこに自分の可能なかぎりの生き方を求めて行くことから、万事を出直そう、というような考え方」に共鳴し、「いちばん感激してよんだ」と回想している。

一九三八年当時、中学三年生だった安田武《やすだたけし》も『生活の探求』を読んでおり、のちに「私のごとき根っからの都会《とかい》っ児《こ》までが、ある意味では、きわめて単純素朴な農村(本)主義、反都会主義の文学に読み耽り、心奪われたのは何故か」と問うている。この時期には安田のような「都会っ児」にも、農村生活への「共感」と、「誠実主義」ともいうべき生活態度への「心情的傾斜」があり、それが、この国民的転向の時代の社会的気流だったのであろう。しかし、その一方で、軍人嫌いで軍隊的規律に本能的反感と嫌悪《けんお》感をいだいていたという安田は、軍国主義的風潮が風靡《ふうび》すればするだけ、「反軍国主義的心情」を固執し、河合栄治郎の説く「理想主義的な人格・教養主義への傾倒に至る結果」となったと述べている。

参考までに、次ページ表の一九三八年十一月の学生読書調査(大学・高校・専門学校など一一七校、約七万人を対象とする学生生徒生活調査の一項目)の結果をみ

●—「最近読みて感銘を受けたる書籍」上位30

（1938年11月調査）

順位	著　　者	書　　　名	得票数
1	火野葦平	麦と兵隊	7,904
2	火野葦平	土と兵隊	3,426
3	島木健作	生活の探求	2,020
4	パール＝バック	大　地	888
5	倉田百三	愛と認識の出発	556
6	阿部知二	冬の宿	373
7	石坂洋次郎	若い人	343
8	倉田百三	出家とその弟子	318
9	M．ミッチェル	風と共に去りぬ	257
10	阿部次郎	三太郎の日記	239
11	本位田祥男	時局と学生	238
12	河合栄治郎(編)	学生と生活	222
13	松田甚次郎	土に叫ぶ	201
14	長塚　節	土	197
15	ロマン＝ロラン	ジャン・クリストフ	193
16	A．カレル	人　間	190
17	E．キューリー	キューリー夫人伝	188
18	杉浦重剛	倫理御進講草案	184
19	パール＝バック	母	183
20	河合栄治郎	学生生活(第一，第二)	171
21	西田幾多郎	善の研究	170
22	室伏高信	学生の書	169
23	A．ジイド	狭き門	154
24	河合栄治郎(編)	学生と教養	148
25	出　　隆	哲学以前	146
26	ドストエフスキー	罪と罰	145
27	阿部次郎	人格主義	111
28	北条民雄	いのちの初夜	105
29	和辻哲郎	風　土	101
29	天野貞祐	道理の感覚	101

文部省教学局『学生生徒生活調査』上・下(発行年不明)より作成。得票総数は38,849。

出典：北河賢三「一九三〇年代の学生生活」(『史観』1986年3月)

ると、調査時点に近い時期に出版されベストセラーとなった火野葦平《ひのあしへい》の二著(後述)と『生活の探求』が突出しているが、農村・「土」にかかわる作品と学生・人格・教養ものがよく読まれていて、安田の反応に照応している。

ところで、島木の農村生活を題材にした小説とは別に、いわゆる農民文学の系統から、和田傳《わだつとう》の『沃土《よくど》』(一九三七年)、伊藤永之介《いとうえいのすけ》の「梟《ふくろう》」(一九三七年)、同「鶯《うぐいす》」(一九三八年)などの秀作が生まれた。神奈川県厚木《あつぎ》に住み農民の生態をつぶさにみつめてきた和田は「動物的」とさえ評される農民像を、伊藤は秋田県の下層農民の生活実態を、それぞれ独得のスタイルで描き、反響を呼んだ。

そうした情況のなかで一九三八年十一月農民文学懇話会が結成され、農民文学の隆盛《りゅうせい》に拍車をかけることになった。会の顧問になった有馬頼寧《ありまよりやす》が、時の農林大臣であるだけでなく、早くから農村・農民問題に特別の関心と理解を示してきた人物であったことも、さまざまな立場の農民文学者や農政ジャーナリストの参加をうながす一因となった。中心メンバーは、和田傳、島木健作、和田《わだ》勝一《かついち》、打木村治《うちきむらじ》、丸山義二《まるやまよしじ》、鑓田研一《やりたけんいち》らであった。農民文学懇話会は、各地の農村と「満州」への会員の派遣、農民文学叢書の刊行、農民文学賞などを企画し、食糧増産と「満州」農業移民促進という国策宣伝の一翼をも担ったのである。

農民文学懇話会結成以降、農村の生活・生産に取材した「現地報告」をはじめとして、数多くの農村小説が生まれた。さらに、「鶯」、和田傳「大日向《おおひなた》村《むら》」、長《なが》塚節《つかたかし》「土」などの原作をもとにした演劇・映画がつくられ、上演・上映された。こうして農民文学の隆盛は、農村と農民をクローズ・アップして都会生活者に農村生活の再認識をうながし、農村における「働き主義」を称揚することによって「都市生活者の農村化」（新居格《にいいたる》）を推し進める役割を果たした。都市の上・中流生活者の抑圧と地方生活者・下層生活者の称揚によるイデオロギー的平準化傾向は、のちの新体制期に一層顕著になるが、その点で農民文学は先導的役割を担ったといえるだろう。また、農民文学の隆盛は、つづく「大陸（開拓）文学」「生産文学」「海洋文学」など、各種の国策文学の流行をもたらしたのである。

文学者の動員と戦争文学

日中戦争開始後、多くの作家が、新聞社・出版社の特派員として、ついで内閣情報部▲・軍の委嘱《いしょく》により、さらには徴用《ちょうよう》されて戦地にでかけ、現地報告・従

▼**内閣情報部**　満州事変後、政府部内で情報・宣伝の統一の必要から非公式の情報委員会が成立していたが、一九三六年七月、官制により内閣情報委員会が発足、各省に分散している情報・宣伝業務の連絡・調整にあたることになり、同年十月には政府広報誌『週報』が創刊された。さらに日中戦争開始後の一九三七年九月、内閣情報部に拡大改組され、各省庁間の連絡・調整に加えて、各省庁を超える事項についても独自の情報蒐集と宣伝が可能になった。一九四〇年十二月には情報局に昇格した。

●―ペン部隊　一九三八年九月十四日、羽田飛行場の出発風景。前列左から吉屋信子、浜本浩、佐藤春夫、菊池寛、吉川英治ら。

軍記・小説を発表した。また、火野葦平のような「兵隊作家」の作品も発表された。それらが、この時期の戦争文学を代表するものとなったのである。

一九三七(昭和十二)年八月、新聞社・出版社の特派員として、吉川英治《よしかわえいじ》、吉屋信子《よしやのぶこ》、尾崎士郎《おざきしろう》、林房雄が、つづいて榊山潤《さかきやまじゅん》、岸田国士《きしだくにお》、石川達三らが派遣され、これら特派員作家の戦争ルポルタージュが発表された。翌一九三八年八月、内閣情報部は、菊池寛《きくちかん》、久米正雄《くめまさお》らを招いて漢口《かんこう》攻略戦にペン部隊としての従軍を要請、その委嘱により九月、陸軍班・海軍班に分かれて二二人の作家が出発した。第二陣は海軍省の委嘱により、同年十一月、長谷川伸《はせがわしん》、中村《なかむら》武《む》羅《ら》夫《お》、衣笠貞之助《きぬがさていのすけ》など映画・演劇関係者を含む一五人が、南支《なんし》派遣従軍ペン部隊として派遣された。

一九三九年に施行された国民徴用令▲が、作家など文化人に適用されることになったのは四一年十月である。参謀本部によって企画・人選が進められ、南方作戦に向けて作家、画家、新聞記者、カメラマンなどが徴用され、十一月報道宣伝班員が編成された。このとき徴用された作家は、阿部知二《あべともじ》、石坂洋次郎《いしざかようじろう》、大宅壮一《おおやそういち》、高見順《たかみじゅん》など、少なくとも三〇人以上。第一次部隊は、太平洋戦争開戦直前の十二月二日マレー方面に向けて出発、第二次部隊は、一九四二年一月三日ジャワ方面に向けて出発した。その後、文化人の徴用は第二次、第三次と続き、その数は作家だけで七〇人以上におよび、期間は五カ月以上、数年におよぶ場合もあった。

右に指摘したような事情のもとで、日中戦争開始後、戦争文学が流行するようになった。当初はルポルタージュ風の作品が多かったが、本格的な小説も書かれるようになった。その初期の作品の一つが、『中央公論』一九三八年三月号に掲載された石川達三の「生きてゐる兵隊」であった。しかし、この作品は「反軍的」とみなされて掲載誌『中央公論』三月号は発禁処分となり、その後、新聞紙法第四一条安寧秩序紊乱の容疑で執筆者、編集者、発行者が起訴され、同年九月有罪判決(石川は禁固四カ月・執行猶予三年)を受けている。

石川は中央公論社の特派員として中国に行っているが、彼はみずから現地従軍を希望し、『中央公論』に戦争に取材した小説を書くことを約束していた。裁判記録によると、石川は派遣を希望した理由を、「小説ヲ書ク為メ」と、「新聞サヘモ都合ノ良イ事件ハ書キ真実ヲ報道シテ居ナイノテ国民カ暢気《のんき》ナ気分テ居

▼国民徴用令　一九三八年四月公布された国家総動員法第四条「国家総動員上必要アル時ハ勅令ノ定ムル所ニ依リ帝国臣民ヲ徴用」できるとの規定に基づき、三九年七月勅令として公布・施行された。徴用に応じない場合には、一年以上の懲役または千円以下の罰金が科せられた。徴用令は、最初は国民職業能力申告令(一九三九年一月公布)によって申告を義務づけられた特定の職種の技術者などを対象に、必要に応じて適用されたが、四〇年十月の第一次改正によって、右の申告者以外にも適用範囲が拡大された。

●石川達三

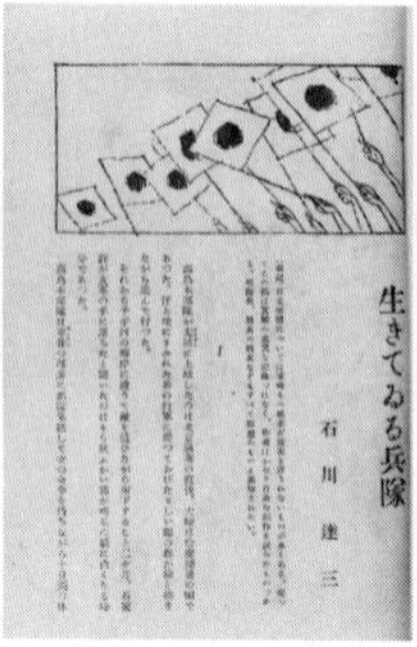
生きてゐる兵隊
石川達三

●「生きてゐる兵隊」

ル事カ自分ハ不満テシタ国民ハ出征兵士ヲ神様ノ様ニ思ヒ我カ軍カ占領シタ土地ニハ忽《たちま》チニシテ楽土《らくど》カ建設サレ支那民衆モ之ニ協力シテ居ルカノ如ク考ヘテ居ルカ戦争トハ左様ナ長閑《のどか》ナモノテ無ク……」と述べている。石川には新聞の戦争報道や戦争ものに対する不満と、作家としての野心があった。ただし、石川に反戦の信念があったとは考えにくい。むしろ、戦争の現実は残酷なものであって、戦場に残虐行為はつきものだという観念に基づいて描かれており、石川は戦場の残虐を描くことが発禁処分と刑事罰を招来するとは、まったく予期していなかったのである。

石川は、一九三七年十二月十二日の南京《ナンキン》陥落後まもなく南京行きを決意、前記のように特派員を希望して中国に渡り、三八年一月五日南京に到着している。残虐事件のピークはすぎていたものの、事件はまだ終っていない時期である。なお、石川は南京市内のほか、上海《シャンハイ》から南京にいたるまでの南京攻略戦の跡をみてまわっている。

石川は作品の「前記」で、「この稿は実戦の忠実な記録ではなく、作者はかなり自由な創作を試みた」と記しているが、南京滞在中、現地部隊の将兵と寝食を共にして、彼らの戦闘・戦場生活を聞きとり、戦闘詳報その他の取材資料をもとに実態に即して描いた作品であると考えられる。伏字も多く断片的ではあるが、敗残兵・住民の殺戮《さつりく》、掠奪《りゃくだつ》、放火の場面、強姦・強姦殺害を思わせる場面は、南京事件の実態に照応している。「皇軍兵士ノ非戦闘員殺戮、掠奪、軍紀弛《し》緩《かん》ノ状況ヲ記述シタ」(判決理由)ことは、たとえフィクションであっても南京事件の実状を伝えるものであり、許容されるはずがなかったのである。なお、「生きてゐる兵隊」はただちに中国で抄訳紹介されたが、安寧秩序紊乱とされた理由の一つは「外国で翻訳され悪用された」ことであった。

したがって、「生きてゐる兵隊」が発禁処分を受け、石川らが起訴されたのち、日本軍の残虐行為など「否定的側面」を描く戦争文学は、ありえなくなったのである。

「生きてゐる兵隊」事件ののち、戦争文学ブームを巻き起こすきっかけとなったのは、『改造』一九三八年八月号に発表された火野葦平の「麦と兵隊」であった。「麦と兵隊」は、「糞尿譚《ふんにょうたん》」で芥川《あくたがわ》賞を受賞した「兵隊作家」(伍長《ごちょう》)の火野が、支那派遣軍報道部の命令で軍報道部員として徐州《じょしゅう》作戦に従軍し、従軍記を日記体で

●火野葦平(軍報道部員のころ)

●『麦と兵隊』ほか

つづった作品である。発表と同時に大反響を呼び、同年九月改造社から単行本(定価一円)として発売されると、即日数万部を売り、短期間で一二〇万部を売り上げる驚異的なベストセラーとなった。つづく「土と兵隊」「花と兵隊」も広く読まれ、この三部作に対して昭和十四年度朝日新聞文化賞が授与された。同じ時期に、やはり兵士としての従軍に基づく上田広《うえだひろし》の「鮑慶郷《パオシイシャン》」(『中央公論』一九三八年八月)、同「黄塵《こうじん》」(『大陸』一九三八年十月)、翌年には、日比野士郎《ひびのしろう》の『呉淞《ウースン》クリーク』、棟田博《むねたひろし》の『分隊長の手記』などが続き、いずれもベストセラーになった。

「麦と兵隊」は、「日本軍の負けているところ」や「戦争の暗黒面」を書いてはならず、「敵は憎々しくいやらしく」書かねばならず、「女のことを書かせない」など、大きな制約のもとで書かれた。また、報道部の検閲で、三人の中国兵を斬首するくだり一〇行ほどの削除をはじめとして、二七カ所の削除・訂正がほどこされた。しかし、火野には、「徐州戦線で見て来た兵隊の惨苦と犠牲との姿を銃後の人たちに知ってもらいたいこと」など、「ギリギリの範囲内でぜひとも書いておきたいもの」があり、それを描いたのである。たしかに「麦と兵隊」は、当時の戦争報道やニュース映画がけっして伝えない戦場のようすや、兵士の「人間」としての姿を内側から描いており、「民衆のなかの一つの表情」(安田武)をとらえていた。それは「銃後」の人びとの心情と心理に応えるものであり、多くの読者の「感動」を誘う要因となったのであろう。

「民衆」の別の側面、別の「表情」は、「生きてゐる兵隊」にいくらか描かれていた。そういう意味で、「麦と兵隊」に始まる本格的な戦争文学ブームは、「生きてゐる兵隊」筆禍《ひっか》事件と表裏の関係にあったといえるのである。

戦時国策への知識人の参画

人民戦線事件をはじめとする一連の弾圧と集団転向のもとで、体制に批判的な組織の存立は不可能となり、既存の集団も戦時国策にあわせた活動を余儀なくされた。そのような状況において、知識人が組織を通じてなんらかの社会的影響力を確保しようとするならば、国策研究機関などの存立可能な集団に所属あるいは参加して戦時国策にそった提言を行うか、国家が推し進める運動――たとえば産業報国運動▲――にコミットするなかで発言するほか途はなかった。

▼**産業報国運動**　総動員体制に即応して「産業報国」「労使一体」を掲げ、労使の紛争を防止し労働者を生産増強に協力させるために始められた運動。協調会(第一次世界大戦後、労使協調を目的に設立された半官半民の団体)の主導により一九三八年七月に結成された産業報国連盟がその指導機関。各企業に単位産業報国会が組織されたが、従来の労務管理体制をそのまま産業報国会組織に移しかえたものだった。当初は官憲の企業への介入をきらう資本家と官僚のあいだで主導権争いがあったが、一九三九年四月、内務・厚生官僚が主導権を握ってから労働組合の解散が急速に進んだ。一九四〇年十一月、産業報国連盟を解散し、産業報国会の全国組織として大日本産業報国会が発足、産業報国運動は完全な官製運動となった。

そのなかで、この時期にある程度の思想的影響力をもったと思われるのは、昭和研究会に参加した知識人と、社会政策・労働政策などの専門家たちの生産力理論に基づく言説であった。

近衛文麿のブレーン・トラストの役割を担ったことで知られる昭和研究会は、一九三三(昭和八)年末、近衛の友人後藤《ごとう》隆《りゅう》之助《のすけ》を中心として発足、蠟山政道《ろうやままさみち》を幹事役として活動を開始した。一九三六年十一月には設立趣意書と常任委員を定めて組織を整えた。研究活動も本格化し、政治・外交・経済・教育・文化の諸領域にわたる学者・ジャーナリスト・「革新官僚」などが参加、大政翼賛会《たいせいよくさんかい》成立後の四〇年十一月に解散するまでのあいだ、さまざまな政策研究と立案を行った。とりわけ、一九三七年六月の第一次近衛内閣成立後は、政策立案のための研究に重点をおくようになり、日中戦争開始後の対中国政策、国内の国民組織化、第二次近衛内閣成立前後の新体制運動に影響をおよぼしたのである。会に設けられた各種の「研究部門」に参加したおもな知識人には、佐々弘雄《さっさひろお》、矢《や》部《べ》貞治《ていじ》、平貞蔵《たいらていぞう》、尾崎秀実《おざきほつみ》、高橋亀吉《たかはしかめきち》、笠信太郎《りゅうしんたろう》、和田耕作《わだこうさく》、加田哲二《かだてつじ》、大河内一男、勝間田清一《かつまたせいいち》、近藤康男《こんどうやすお》、東畑精一《とうはたせいいち》、風早八十二《かざはやそじ》、三木清、三枝博音《さいぐさひろと》、清水幾太郎、船山信一《ふなやましんいち》、中島健蔵、城戸幡太郎《きどまんたろう》、宗像誠也《むなかたせいや》などがおり、参加者は三〇〇人におよんだ。

昭和研究会の多岐にわたる研究活動を通じて共通してみられる考え方は、協同主義であった。協同主義は、一九三〇年代に高まった農村の産業組合運動▲、三八年末から三九年前半に唱えられた「東亜協同体論」、およびそれと表裏一体で唱えられた「国民協同体論」などにあらわれた考え方である。

このうち、「東亜協同体論」は、日中戦争が長期化しゆきづまり、その打開が困難となった局面でだされた近衛首相の「東亜新秩序《とうあしんちつじょ》」声明(一九三八年十一月)および「近衛三原則」声明(同年十二月)に呼応して提唱された議論である。それは「東亜の統一」というアジア連帯の政治理念であり、結果的には「東亜新秩序」論を合理化・正当化する役割を担うものであった。が、協同主義を唱えた三木清らは、日中戦争をなんとか早く平和的に解決したいと考えており、尾崎秀実は日中戦争がもたらした「深刻、悲惨」に眼を向けていた。また彼らには、日本の多くの戦争指導者たちとは違って中国のナショナリズムと抗戦力に対する共感と理解があり、中国のナショナリズムに対する認識をうながして日本の独善

▼**産業組合運動**　昭和恐慌《きょうこう》によって農家経済は破綻《はたん》に瀕し、その対応策として農山漁村経済更生運動が開始されたが、産業組合はその中心機関に位置づけられ、信用・販売・購買・利用の四種からなる産業組合を農村全体に浸透させる産業組合拡充運動が推進された。没落の危機に瀕した農民の救済への期待感と結びついて産業組合運動が高揚するなかで、農民の農本《のうほん》主義・協同主義的意識は強められ、産業組合を基盤とする政治運動も起こった。

●——尾崎秀実

▼企画院・革新官僚　日中戦争の全面化にともなって、一九三七年十月、内閣外局の企画庁と資源局を統合して設置された内閣直属の総合国策企画立案機関。物資動員計画、国家総動員法案などを作成し、一九四〇年九月の経済新体制要綱を立案した。一九四三年十一月、軍需省に統合。企画院などに所属し、戦時統制経済を立案・推進した官僚グループは革新官僚と呼ばれ、反政党的傾向が顕著で、国防国家化を推進する軍部革新派と親近性がみられた。

的な戦争指導を反省させ、その転換をはかろうと考えたのである。しかし、その企ては現実政治の場で力にはならず、尾崎の言葉を借りれば、「東亜協同体の理念」は「一個の現代の神話、夢」に終ったのである。のみならず、その後の「大東亜共栄圏思想」に帰結する傾向を含んでいた。

協同主義は、論者によって力点のおきどころが異なるが、その特徴は、階級対立および政党政治・議会主義を否定して職能的秩序をめざすこと、国家と社会の区別ならびに国家のもつ権力性を抹消して「国民協同体」「地域協同体」としての道義的性格を重視すること、資本主義の修正・「克服」をめざすことなどであり、総じて「全体」の優位に価値を認め、全体主義への傾斜を示している。

ところで、国家総力戦にともなって「国防国家」化＝全体主義化が推し進められ、国体論に基づいて「万民輔翼《ばんみんほよく》」すなわち国民の献身を求める精神主義が強調されたが(『臣民の道』一九四一年)、一方、総力戦を戦うためには生産力の拡充が不可欠であり、また、資本の統制や労働力の保全など国民経済と国民生活の合理的統制が要請されたのである。それを主導したのが企画院《きかくいん》などに所属する革新官僚▲と呼ばれる人びとであり、これに呼応して、自然科学者・技術者をはじ

●——大河内一男(一九三七年ころ)

めとして、経済学・社会政策・労働科学など諸領域の学者・知識人、社会運動家たちが戦時国策に参画していった。そして、新体制前後の時期から太平洋戦争期にかけて、総力戦・統制経済・国防国家などに関する著書・論文が量産されたのである。

そのなかにあって、従来体制に批判的であった人びとの言説もめだったが、そのよりどころとなった考え方が生産力理論(生産力論、生産力主義などともいわれる)であり、マルクス主義的理論に立脚する社会科学者たちによって唱えられた。社会政策研究の風早八十二や大河内一男が、その代表的論客であった。風早らは、社会政策は利潤率の維持を目的とする「総資本」の論理に従うものであり、その論理に従って生産力を発展させるために必要な社会的諸条件の合理化・改善をはかる施策ととらえた。そして、総力戦体制下の政策に順応しながら、生産力的観点から非合理性を指摘するなど批判的提言を行った。また大河内は、戦争は社会政策を停滞させるのではなく、むしろこれを推し進めるものとみていたのである。

戦時国策の建前にあらがうことが不可能な状況においては、こうした批判的参画がかつての体制批判にかわるほとんど唯一の方法と考えられ、マルクス主義者のみならず、なにほどかマルクス主義の社会科学的思考の洗礼を受けた多くの人びとに影響をあたえたのである。しかしながら、合理化・科学化を旗印とする批判は、戦時国策に協力・参画するなかでの技術的批判にとどまり、生産力理論は、おおむね転向理論として機能したといえるだろう。

　協同主義や生産力理論の影響は広汎におよんだが、戦前の民間教育運動の最後のよりどころとなった教育科学研究会(略称、教科研)にも大きな影響をおよぼした。教科研は、城戸幡太郎、留岡清男《とめおかきよお》らを指導者として一九三七年五月に結成され、従来の観念論的教育学を批判し、教育の実証的研究や教育改革のための研究を行った。旧プロレタリア教育運動▲関係者、生活綴方《つづりかた》▲教師なども参加し、地方支部をもつ全国組織に発展、参加者は約一〇〇〇人に達したが、生活綴方教師など地方会員の一斉検挙を機に一九四一年五月解散した。なお、大政翼賛会が成立すると、城戸は連絡部副部長、留岡は青年部副部長に就任している。

　教科研の中心メンバーである城戸、留岡、阿部重孝《あべしげたか》、宮原誠一《みやはらせいいち》、宗像誠也、

▼**プロレタリア教育運動**　ソビエトの教育・教育制度の影響を受け、一九二〇年代から三〇年代にかけて行われた左翼教育運動。新興教育運動とも称される。とくに一九三〇年、東京・神奈川の教員らによって結成された日本教育労働者組合(教労)と、教労と密接な関係にあった新興教育研究所(新教)がその中心であったが、一九三二、三三年の大量検挙(教員赤化事件)で壊滅した。

波多野《はたの》完治《かんじ》、菅《かん》忠道《ただみち》らは、戦前日本資本主義の秩序に批判的であり、その改革を提言してきた。そのうち、城戸が戦時期に主張した「協力主義」は、天皇制下での「社会主義的統制の政策的具現」を期していたとされ、三木清らの協同主義に共通する面をもっており、留岡、宮原、宗像、波多野、菅の主張は、いずれも生産力主義的色彩が濃厚であった。留岡は生産力主義的観点から、教育政策を通じて「最小限度を保証されざる生活」の改善をはかろうという発想が顕著であった。また、教科研は子どもたちを取りまく環境を問題にしたが、これに取り組んだ波多野にも菅にも、児童文化の現実はあまりにもミゼラブルに映った。それゆえに、「解決」を求めて生産力の発展に対する期待(生産力主義)が強まったと思われる。そして、その「解決」を国家の手に期待したのである。だが、「抵抗意識の弱さは致命的であった」と、菅はのちに述べている。

▼**生活綴方教師**　生活綴方運動を担った教師たちの総称。単に綴方教師ともいう。生活綴方は、国語の綴方科という枠を超えて一九二〇年代に民間教育運動として成立し、雑誌『綴方生活』(一九二九年刊)、『教育・国語教育』(一九三〇年刊)の刊行を機に本格化した。これらの雑誌の読者である綴方教師を中心にして、三〇年代には東北地方などで生活綴方運動が高揚した。生活綴方は、子どもたちに生活の現実をみつめさせ、表現させ、それに立ち向かう意欲を形成させようとする点に特徴があった。

②—新体制と知識人

新体制と知識人

新体制期の社会・文化状況と知識人の動向については、これまでにある程度は言及してきたが、ここで改めて整理しておきたい。

一九四〇(昭和十五)年七月の第二次近衛内閣成立前後の新党運動が起こったころから、同年十月大政翼賛会が結成され、翼賛体制が成立する四一(同十六)年にかけて「新体制」(「近衛新体制」)の確立が喧伝されたが、この時期を一般に新体制期と呼ぶ。すべての政党が解党して大政翼賛会が結成され、すべての労働組合が解散して大《だい》日《に》本産業《ほんさんぎょう》報国会《ほうこくかい》が結成されたが、こうした解体と再編・一元的組織化は文化団体を含むあらゆる社会集団におよび、地域・職域・職能別に画一的組織化がはかられたのである。

自主的解散・再編を行わない場合は、強制的解散ないし再編に追い込まれた。前記のように、人民戦線事件前後には反戦・反ファシズム的とみなされた組織・グループが弾圧によって解散させられたが、そのなかにあって、新劇の代

「新協」と「新築地」解散
當局の勸告で自發的に
基調は赤の思想
國民的演劇樹立へ

●——新協・新築地両劇団の解散を伝える記事(『東京朝日新聞』一九四〇年八月二十四日)

表的劇団である新協劇団と新築地《しんつきじ》劇団は「芸術性の擁護」を標榜して上演活動を続け、一九三八(昭和十三)年には久《く》保《ぼ》栄《さかえ》作・演出「火山灰地」(新協劇団)が好評を博し、新劇史上空前の観客動員を達成した。しかし一九四〇年八月十九日、両劇団の即時解散が強制され、村山知義《むらやまともよし》、久保栄、千田是也《せんだこれや》、滝沢修《たきざわおさむ》ら一〇〇人余におよぶ両劇団員と関係者が一斉に検挙された。新聞報道は差し止められ、五日後の二十四日「自発的に解散」と発表されたが、実際にはまぎれもない弾圧であった。新劇関係者は、その後、国策協力のための移動演劇運動に動員され、各地を巡回することになったのである。

一九四一年四月五日(三月説もある)には、前衛芸術のリーダーであった福沢《ふくざわ》一郎《いちろう》と瀧口修造《たきぐちしゅうぞう》が治安維持法違反の容疑で検挙される、いわゆる「シュールリアリズム事件」が起こり(その後起訴猶予)、その後も詩人や画家の検挙が続いた。教育運動では、一九四〇年二月、山形の村山俊《むらやまとし》太郎《たろう》ら生活綴方教育関係者の検挙を皮切りに、生活綴方・生活教育関係者の検挙が始まり、同年十一月から翌四一年にかけて全国で大規模な検挙が行われ、検挙者は約三〇〇人におよんだ。その多くは現職の小学校教員であった。一九三八年にすでに教職を免ぜられていた国分一太郎《こくぶんいちたろう》は、四一年十月検挙されその後有罪になっているが、国分によると、獄中で自殺したもの一人、獄中で病にかかり出獄後死亡したもの一〇余人におよび、起訴処分あるいは有罪にされたものは職を免ぜられたという。また、こうした弾圧によって、生活綴方運動は太平洋戦争期に中断させられることになったのである。

以上のように、新体制期には、それまでかろうじて存続していた自主的集団が解体され、自由な文化・教育活動はほとんど消滅したのであるが、一方では国民総動員を促進するため、その一環として「文化の新体制」が唱えられた。そして、文化人の参加と文化団体の活動が慫慂《しょうよう》され、戦時下に文化運動がある種の高揚を示すことになるが、その運動を推進した中軸的組織が大政翼賛会文化部であった。

大政翼賛会は、さまざまな思惑をもった勢力の妥協の産物として生まれた寄合世帯であり、翼賛会の各局にはほとんど横の連絡がなく、人選もバラバラに行われたといわれる。そのなかにあって、翼賛会文化部は多くの文化人の期待を受けて成立し、岸田国士《きしだくにお》の文化部長就任はおおいに歓迎された。もともと翼

●岸田国士（一九五四年）

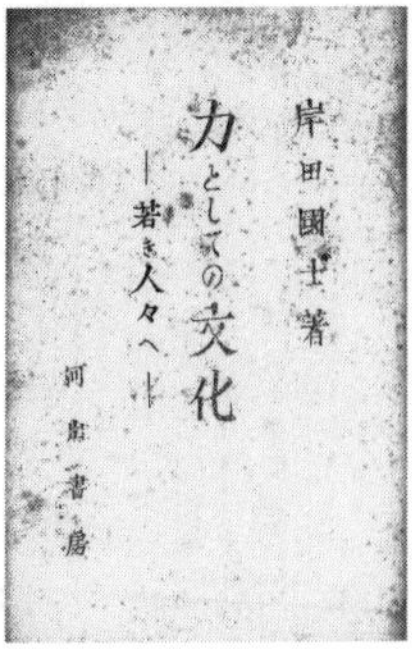

●『力としての文化』（河出書房、一九四三年）

賛会に文化部を設置することを提言したのは、昭和研究会に参加していた三木《みき》清《きよし》であり、文化部長に岸田国士を推薦したのは、三木、山本有三《やまもとゆうぞう》、中島健蔵《なかじまけんぞう》らであった。岸田のような文学者が政治に参画するのははじめてのことであったが、岸田は、軍部の政治支配を危惧し文化部が「文化の擁護」の防波堤になることを期待する多くの文化人の輿望を担うことになったのである。

岸田は、政治と文化の関係については、従来のような意味での「文化の擁護」を否定している。岸田は島木健作《しまきけんさく》との対談のなかで、「文化の擁護」という立場をとるとすると「これはもう我々は討死の覚悟をしなければならない」と述べている。つまり、この局面において、従来の「政治対文化」というとらえ方は不可能としてすて、「新文化の建設」を唱える。これは「政治が文化の真の姿を反映する」ような関係、すなわち「政治の文化性」を追求する立場であり、そのために文化政策が必要とされるというのである。また、生活と文化の関係については、従来の文化は生活から遊離しており、むしろ文化の本当の姿は国民の生活のなかにあらわれているとして、「生活文化」にこそ着目する。しかし既存の「生活文化」を丸ごと肯定するのではなく、「生活文化」における封建的なもの・歪《ゆが》められたもの・卑俗《ひぞく》なものの打破・克服の必要を訴えている。一方、衣食住・礼儀など日常生活のなかで身についた「教養」であるところの「嗜《たしな》み」を重視し、それを日本の社会に潜在する「力としての文化」とみる。しかも、そのような「文化の根」は中央よりも地方にあるというのである。

また、岸田は文化の価値基準として、科学性(能率)・道徳性(健康性)・芸術性をあげ、三者の調和を重視するが、この基準は「品物の文化価値」にも妥当するという。すなわち、ものに利用価値・合理性(科学性)があり、まやかしやインチキがなく(道徳性)、形がよく美しい(芸術性)ことが、「品物の文化価値」の決め手になるというのである。こうした価値基準は、柳宗悦《やなぎむねよし》ら民芸運動の工芸品についての価値基準とも通底するものであった。

衣裳としての文化・装飾としての文化を批判し、生活文化・地方文化のなかに「力としての文化」をみいだそうとした岸田ら翼賛会文化部の文化論は、「日本精神」を強調する文化論とは別の、民俗学や民芸運動などにもみられる、もう一つの日本文化論に共通する認識を含んでおり、一定の共鳴を呼ぶ条件が存在したと考えられる。

たとえば、日本民芸協会▲は機関誌『月刊民芸』一九四〇年十月号で、「我等は手工芸の限界内において日本の民衆の使用しつゝある生活具をその伝統に求め、さらに現代文化が喪失しつゝある部分をその健康なる要素で補給することによつて、日本文化の強化を図ることを念願する」「新体制に即応することは、我等のかねての主張をより顕揚《けんよう》せしめ得る絶好なる時機と固く信ずる」として新体制に呼応する姿勢を示し、柳宗悦も「今や国家を挙げて正しき美、健康なる美、質実なる美を顕揚すべき時期は到来した。此の機会を失しては千年の悔みを残すであらう。凡《すべ》ての作家も工人も志を集め力を合せて、『こゝに日本の美がある』と云ふことを世界に示さうではないか」と主張している。

柳らの主張は、翼賛会文化部が一九四一年一月に提示した地方文化運動の方針「地方文化新建設の理念と当面の方策」と照応している。また、その「当面の方策」には「民芸の保存とその健全なる発達を指導すること」が明示され、その後の地方文化運動において、翼賛会文化部と日本民芸協会は積極的に交流をはかっているのである。

地方文化運動の提唱と指導は、翼賛会文化部の推進した文化政策の一つにす

▼日本民芸協会　柳宗悦らが、民衆的工芸をつづめて民芸という言葉を使ったのは一九二五年とされる。この前後から柳は民芸の調査蒐集のために各地を回り、民芸展も開催されるようになった。一九三〇年代、各地に民芸協会が設立され民芸運動が高まりをみせるなかで、三四年九月、日本民芸協会が設立され、柳が会長に就任した。『月刊民芸』の創刊は三九年四月。

ぎないとはいえ、文化部がもっとも精力を傾けた運動であった。文化部の提唱は地方文化人のあいだに反響を呼び、各地に多くの文化団体が結成され、翼賛運動の一翼としての地方文化運動が高揚したのである。地方文化団体には、地域の文化活動に携わる医者、芸術家、文学者、教員などの参加がめだち、中心人物には、山形の結城哀草果《ゆうきあいそうか》、高山《たかやま》の江馬修《えまなかし》、八王子《はちおうじ》の滝井孝作《たきいこうさく》、北九州の火《ひ》野葦平《のあしへい》などの知名人も少なくなかった。地方文化団体も、各地域で自主的集団が解体・再編され、あるいはあらたに組織されてできた翼賛文化団体であったが、他の翼賛運動団体のように画一的に組織されたものではなく、また財政的補助もなかったこともあって、自主的性格をある程度残していた。

翼賛会文化部の今一つの課題は、部門別文化団体の中央組織を確立することであった。しかし、どの部門でも一元的組織化は容易には進まず、また、文化統制の主務官庁である情報局第五部が組織化を主導した。新体制期に成立した各部門の文化団体は、さらにその後再編され、一九四一年以降、日本少国民文化協会（四一年十二月）、日本音楽文化協会（同）、日本文学報国会（四二年五月）、大日本言論報国会（四二年十二月）、日本美術報国会（四三年五月）、日本漫画奉公会(同)、日本版画奉公会(同)など部門別の中央組織が結成された。そのなかには、文学報国会のように同業者団体的性格がより強い組織と、言論報国会のように情報局の別働隊的性格が強い組織とがあった。ただ、いずれの場合にも、これらの組織に所属することなく文化人が仕事を続けることは、著しく困難になったのである。

林達夫と戸坂潤

新体制運動と大政翼賛会の成立は、それまでの国民精神総動員運動《こくみんせいしんそうどういんうんどう》▲とは違って、知識人たちにある種の期待感をいだかせ、知識人の積極的参加をうながすという面をもっていた。翼賛会文化部以外にも翼賛会各部局の指導的ポストに多くの知識人が就き、翼賛会に付置された「下情上通」機関である中央協力会議にも知識人の参加がめだった。だが、新体制・翼賛会に対して、期待も幻想もまったくもたなかった知識人も少なくなかった。たとえば、突如大弾圧をこうむった新協・新築地両劇団の当事者は、新体制とはどういうことかを、身をもって知っていた。そのことは、彼らの著書その他に書かれている。

▼**国民精神総動員運動**　一九三七年八月の閣議決定に基づき開始された、戦争に向けて国民を動員するための運動。地域・職域組織、諸団体を通じて、精神動員のためのさまざまな行事・儀式と戦時経済国策への協力運動が推進された。行事・儀式の押しつけと官僚主義に対する反発も強く、中央組織の機構改革が繰り返されたが、一九四〇年十月解散、大政翼賛会の運動に引き継がれた。「べからず」主義を基調とし、娯楽・文化に対してはおおむね抑圧的であった。

●—林達夫（一九六六年）

●—『歴史の暮方』（筑摩書房、一九四六年）

林達夫《はやしたつお》は、「反語的精神」（『新潮』一九四六年六月）のなかで、「知識階級にとつてもつとも重大な決定的時期だつたと思はれるのは、一般に考へられているやうに十二月八日ではなく、むしろいはゆる大政翼賛運動がはじまつたときであるが、実はこのときの知識階級の行動決定のさまを見て、私はそのとき既にもう万事休すと見透しをつけてしまつた」と、書いている。つづけて、「新体制運動なるものについては極めて懐疑的だつた」と述べ、当時行った講演の草稿の一部を紹介しているが、その内容は、一九四〇年ごろ、林が書いたいくつかの文章にぴったり対応している。

「歴史の暮方《くれがた》」（『帝国大学新聞』一九四〇年六月三日）は、「絶望の唄を歌ふのはまだ早い、と人は云ふかも知れない。しかし、私はもう三年も五年も前から何の明るい前途の曙光さへ認めることができないでゐる」という書出しで始まっている。そして、「この頃、自分の書くものに急に『私』的な調子の出て来たこと」に気づき「何故だらう」と問い、「社会関係を見失つてしまつたからだ。私の所属していると思つて、あてにしてゐた集団が失くなつてしまつたからだ。ほんたうは失くなつたのではなくて、変わつたのであらう。……だが、それを寂しくも心残りにも思つてゐない。目前に見るこんな『閉ざされた社会』なんかにもはやこだはつてゐる気持ちは一向にないからである」と述べている。

さらに、次のように書いている。「『誠実』とは由来、山師《やまし》根性《こんじょう》とは切つても切れぬ悪縁のあるものだ。私思ふに、現代のやうな逆説的時代には、真の誠実は絶対に誠実らしさの風貌は取り得ない。現代のモラリストは、事の勢ひ上、不可避的にイモラリストとなる。残念ながら、現代の日本ではイモラリスト的な風貌をしてゐたと思はれた思想家や作家までが最近けろりと申分ないモラリストの姿勢に扮装《ふんそう》更《が》へしてしまつてゐる」と。

「現代社会の表情」(『都新聞』一九四〇年十一月十三～十六日)では、「(近頃の)基督《キリスト》教諸宗派の『日本的転向』といふ現象は、峻厳《しゅんげん》な見方を以てすれば、往昔《おうせき》の吉利《キリ》支丹《シタン》転《ころ》びなどよりは比較にならぬほど低俗な精神で行はれた一種の破廉恥《はれんち》的行為、極端に云へば宗教的自殺行為であつた」と指摘し、また、「『新体制』とは、革新的な建設的計画でも神話でもユートピアでもなく、ただの裸かの合図の言葉」にほかならないといい、「現代のソフィストやスコラ学者の返り咲きにすぎぬ一部知識階級の右顧左眄《うこさべん》的な、勿体《もったい》ぶつた理論的追従」を批判している。

戦後、『歴史の暮方』(一九四六年)におさめられた、一九四〇年前後の林の同時代批評は的中しており、一言一言が突き刺さってくるような文章である。島木健作の転向小説などの「誠実さ」が共感を呼び、「良心的」な知識人が「止むに止まれぬ」思いで「新体制」に呼応し、翼賛運動に飛び込んでいった時代である。(岸田国士は翼賛運動への参画を、のちに失敗と認めているが。)おそらく、新体制に呼応した知識人には、善意はあっても、林のような懐疑的精神と抵抗感はなかったであろう。

林は一九四一(昭和十六)年七月、「いやらしいはやり言葉」である「科学する心」を批判した短い文章を書いたのち、四二年九月「拉芬陀《ラヴェンダ》」を発表しただけで、あとは沈黙を守り、戦後の「反語的精神」までなにも書いていない。

戸坂潤《とさかじゅん》は、前記のように一九三八年十一月唯物論研究会事件で検挙され、四〇年五月まで杉並警察署に留置された。同月起訴され、東京拘置所に移されるが、一九四〇年十二月八日保釈となり、二年と一〇日ぶりに帰宅している。その後、裁判で有罪が確定し、一九四四年九月に下獄することになるが、その間に書いた原稿の一部が発表されている。そのうちの一編が、『改造』一九四一年二月号に掲載された「友情に関係あるエッセイ」である。きわめて限定された範囲のことしか書けなかったと考えられ、慎重な書き方をしているが、二年間の社会の変質を伝える示唆的な文章である。

「二年間あまり、世間から隔離されてゐる間に、世間は全く変つて了つた」と書きだし、戸坂の困惑ぶり——レトリックであろうが——が表白されている。「全く変つて了つた」という内容の第一は、「財産よりも頭脳の方が比較にならぬほど富んでゐた」旧友たちのうち、「一躍一流会社の支店長級になり済したもの」「庶民から一遍に新設官庁の役人に立身したもの」「浪人から一足飛びに重役室の主人公となつた者」などがいて、「今では曾《か》つての文化的貧民などは地を払つて無い」こと。第二は、以前はあまり本を書かなかった、おもに哲学者の旧友たちが、最近急に本をたくさん書くようになったこと、また、以前は学位をとったものはほとんどいなかったが、それが一、二年のあいだに急にふえたこと、である。とくに第二の点に関して戸坂は、急に「文化的勇気や自信といふものが横溢《おういつ》して来た」からであろうととらえ、その原因について「アカデミーの世界から、最近の二年又はもう少し前から、累進的に何ものかの威圧が取り除かれつゝ今日に到つた、と考へる外ないのである。この威圧する幽霊が引き込んだので、アカデミックな学究文化が、急に自由を感じ始め、元気を出し始め、気をよくし始めたに相違ない」と、みずからの「妄想」を語っているのである。

第一の点は、おそらく当時の軍需景気にあやかって、かつての「文化的貧民」が「出世」・変質(?)したことを指摘したものだが、第二の点は、戸坂の「教養」や「アカデミーとジャーナリズム」や「批評」に関する議論を踏まえれば、ある程度理解できることであろう。

戸坂は、一部からはアカデミシャンと目されていたというが、「身についた思想と感受のシステム」あるいは「関心の組織的発展力」のないところに「教養」はありえず、「良識」とか「見識」が「教養」の実質だ、というのが戸坂の基本的認識であった。戸坂は、アカデミーにおける文献学的研究と教養の意義を認めていたが、同時に、「教養の思想的ファクター」あるいは「批評精神」から切り離された「文献学的教養」主義に対しては批判的であった。一方でジャーナリズムの批評性のもつ意味を重視していた戸坂からすれば、ジャーナリズムが弾圧と転向によって批評性をほとんど喪失させた状況において、「批評」から「自由」になって「アカデミックな学究」に邁進《まいしん》する旧友の姿は、変質(変節)と映ったにちがいない。

③——アジア・太平洋戦争下の知識人

アジア・太平洋戦争の開戦と知識人

「新体制」とは、林達夫《はやしたつお》が指摘したように「合図の言葉」であり、自由主義的・民主主義的な「旧体制」の残滓《ざんし》を一掃し、天皇制を中核とする日本型全体主義を確立することであった(「新体制早わかり」『週報』一九四〇年十月七日)。翼賛体制と呼ばれた日本型全体主義が確立していく過程で、治安体制はいちだんと強化され、言論・思想統制が徹底されていった。一九四〇(昭和十五)年十二月には内閣情報部が情報局に昇格し、情報の収集と報道・宣伝、言論・文化の統制を担当する中枢機関となり、「思想戦の参謀本部」と呼ばれた。また、一九四一年三月には、日中戦争に際して全面改正されていた軍機保護法の再度の改正法と国防保安法が公布された。同月、治安維持法が全面改正され罰則が強化されるとともに、非転向思想犯を刑期満了後も拘束し続けるために予防拘禁制度が導入された。

このような体制のもとでアジア・太平洋戦争に突入するのであるが、開戦とともに、この体制はさらに強化された。情報局は開戦当日、「日英米戦争ニ対スル情報宣伝方策大綱」を決定、翌日出版関係者に対して「記事差止事項」を提示し、①政府や軍部の措置を誹謗《ひぼう》し国論不統一をもたらす言説、②反戦・平和などの機運を助長する論調などを「特に厳重に警戒すべき事項」としてあげた。さらに、十二月十九日には言論出版集会結社等臨時取締法が公布され、非常事態下の安寧秩序保持を理由に出版の取締りを強化し、「造言蜚語《ぞうげんひご》」や「人心惑乱《じんしんわくらん》」なども厳罰に処することとした。

開戦翌日の十二月九日には、「非常措置」として、内偵中の治安維持法違反容疑者二一六人（うち令状執行一五四人）が検挙、要視察人のうち一五〇人が予防検束、三〇人が予防拘禁（令状執行一三人）、計三九六人が検挙・検束された。在日朝鮮人は一二三人が検挙（令状執行四一人）、一人が予防拘禁された。このとき、文学者では渡辺順三《わたなべじゅんぞう》、埴谷雄高《はにやゆたか》らが検挙、宮本百合子《みやもとゆりこ》が検束、中野重治《なかのしげはる》も検束されるはずであったが、父親死去のため帰郷中で検束をまぬがれている。

十二月八日の開戦と緒戦《しょせん》の勝利は、国民的な熱狂と興奮をもたらした。たしかに一方では、「大変なことになった」「非常識」と衝撃的に受け止める人も少なくなかった。南原繁《なんばらしげる》は開戦の報を聞いたときの心境を、「人間の常識を超え学識を超えておこれり日本世界と戦ふ」と詠《よ》んでいる。が、それよりも、緒戦の勝利が開戦前夜までの鬱屈《うっくつ》した気持ちを吹き払い、「すっきりした」「カラッとした」気分になったという反応を示すものがめだった。その背景には、対中国侵略戦争についての明確な認識があったわけではないとしても、大義《たいぎ》のない戦争へのわだかまりがあり、打開の目処《めど》が立たない状態のなかで、対米英開戦がそれを払拭する心理的効果をもたらしたのである。そうした事情が、多くの知識人の戦争への積極的参加をもたらす引き金になったと考えられる。

文芸の領域では、「戦争の感動」を表現するという点では、散文よりも詩歌のほうがきわだち、文芸誌、詩・短歌・俳句誌はもちろんのこと、新聞紙上にも連日のように戦争をうたった多くの詩、短歌、俳句が掲載された。戦争をうたった詩歌は日中戦争開始後からみられるが、短歌・俳句が先行し、いくらか遅れて詩がこれに続いている。

『朝日新聞』には、十二月八日から一カ月間に、吉植庄亮《よしうえしょうりょう》、斎藤瀏《さいとうりゅう》、斎藤茂《さいとうも》吉《きち》、土屋文明《つちやぶんめい》、会津八一《あいづやいち》、佐藤春夫《さとうはるお》、北原白秋《きたはらはくしゅう》、中勘助《なかかんすけ》、三好達治《みよしたつじ》、丸山薫《まるやまかおる》、

●—斎藤茂吉（一九四〇年）

中村草田男《なかむらくさたお》、佐々木信綱《ささきのぶつな》、釈超空《しゃくちょうくう》、室生犀星《むろうさいせい》、高浜虚子《たかはまきょし》などの詩・短歌・俳句が掲載されている。それらの多くは、宣戦の「大詔《たいしょう》」とそれに応える戦いの決意を示し、あるいは緒戦の戦果をたたえ、米英撃滅を唱えた詩歌である。開戦後、新聞・雑誌に載った短歌からいくつかを引く。

英米を屠《ほふ》るとき来てあなすがし四天一時に雲はれにけり　（斎藤瀏）
時しもあれ大みことのりは降りたり肉《しし》むらゆらぎ命の激《たぎ》つ　（吉植庄亮）
おほほさむ戦《たたかい》ならずしかもなほ今既に神怒り下《お》りぬ　（北原白秋）
何なれや心おごれる老大の耄碌《もうろく》国を撃ちてしやまん　（斎藤茂吉）
クアンタン沖に神集《かむつど》ふまたたくまわが空軍はとどろきわたる　（斎藤茂吉）
ますらをやひとたびたてばイギリスのしこのくろふねみづきはてつも　（会津八一）

この種の歌のオン・パレードである。ちなみに、斎藤茂吉の十二月八日の日記には、「帝国ハ米英二国ニタイシテ戦闘ヲ開始シタ。老生ノ紅血躍動！」（圏点は原文どおり）と記されており、興奮してなのか、この日茂吉は神田《かんだ》と渋谷道玄《どうげん》坂《ざか》とで鰻《うなぎ》を二度食べている。茂吉は迎合《げいごう》したのではなく、いわば全身戦争に没入している。

詩人たちもまた、おびただしい戦争詩▲を書いている。なかでも、三好達治の詩集『捷報《しょうほう》いたる』(一九四二年)、『寒柝《かんたく》』(一九四三年)や、高村光太郎《たかむらこうたろう》の詩集『大いなる日に』(一九四二年)、『記録』(一九四四年)などが代表的で、これらは発行部数も多く広汎に読まれた。個人の詩集以外にも、日本文学報国会編『辻詩集』(一九四三年十月)など各種の詩集が編まれ、詩の朗読がしばしば行われた。

高村は翼賛会の中央協力会議議員に各界代表として選ばれ、のちに日本文学報国会の詩部会会長を務めているが、次の詩は、開戦後の十二月二十四日に開催された文学者愛国大会において、高村が朗読した「彼等を撃つ」の冒頭部分である。

大詔《おほみことのり》　ひとたび出でて天つ日のごとし。
見よ、一億の民おもて輝きこころ躍る。
雲破れて路ひらけ、
万里のきはみ眼前《まなかひ》にあり。
大敵の所在つひに発《あば》かれ、

▼**戦争詩**　戦争の「感動」や国民の士気高揚をうたった詩は、当時は愛国詩・国民詩と呼ばれることが多く、戦場の場面などを描写した戦争詩と区別されるが、ここではそれらを一括して戦争詩と呼ぶ。

●——『辻詩集』(日本文学報国会編、一九四三年)

●──高村光太郎(一九四六年ころ)

わが向ふところ今や決然として定まる。

高村も、対米英開戦によってはじめて「敵の所在」がわかり、戦争目的が定まったという実感をもったのである。

今日、高村は戦争詩を書いたことよりも、敗戦後自己の生涯を総括した詩群「暗愚小伝《あんぐしょうでん》」(『展望』一九四七年七月)を書き、天皇および戦争との関わりを描いたことで知られている。次は、そのなかの「真珠湾《しんじゅわん》の日」の一部分。

詔勅をきいて身ぶるひした。/この容易ならぬ瞬間に/私の頭脳はランビキにかけられ、/昨日は遠い昔となり、/遠い昔が今となった。/天皇あやふし。/ただこの一語が/私の一切を決定した。/子供の時のおじいさんが、/父が母がそこに居た。/少年の日の家の雲霧が、/部屋一ぱいに立ちこめた。/私の耳は祖先の声でみたされ、/陛下が、陛下がと/あへぐ意識は眩《めくるめ》いた。

戦後、高村は悔恨ゆえに、このような詩を書いた。いや、書くことができたのであろう。他の詩人・歌人の場合には、高村のように内的過程をうかがうことはできないが、この世代の代表的詩人・歌人の多くは、「大詔渙発《たいしょうかんぱつ》」をうけて天皇に「帰一」し、「大東亜戦争《だいとうあせんそう》」の大義を信じて戦争に没入していったのである。

中野重治『斎藤茂吉ノート』

戦争の時代は詩歌隆盛の時代であり、猛威をふるった時代でもあったが、中野重治の『斎藤茂吉ノート』（原題は『斎藤茂吉ノオト』）は、そういう時代状況のなかで書かれた。この本は、一九四〇（昭和十五）年七月から四一年十一月までいくつかの雑誌に掲載された「斎藤茂吉ノート」などに加筆・削除をほどこし、太平洋戦争開戦後に若干補足して四二年六月に刊行されている。

一九四〇年は、戦争歌とともに紀元二千六百年奉祝歌が氾濫した年である。また同年末には、「新体制」を唱える斎藤瀏、吉植庄亮、太田水穂《おおたみずほ》らが大日本歌人協会▲を威嚇して解散に追い込み、一九四一年には保田与重郎《やすだよじゅうろう》が「柿本人麻呂《かきのもとのひとまろ》」を書いているが、中野がこうした動きをみすえて「ノート」を書いていることは、「ノート」とその他の記述からみてまちがいない。

この時期には、正面からの日本主義・「日本文化」論批判はもはや不可能となり、いわば「日本的なもの」「日本文化」の土俵のなかで〝勝負〟するしかなかった。

●―中野重治（一九三七年ころ）

▼大日本歌人協会　一九二七年から続いていた日本歌人協会が、内紛のため三五年十月に解散した後、同年十一月、会規などを整備して発足した歌人団体。歌壇の発展・会員の親睦共済を目的とし、和歌史・図書・歌集・会報の編纂発行などを行った。理事は北原白秋、土岐善麿《ときぜんまろ》など一三人。会員は約四〇〇人、新設の会友は七〇〇人を超えた。一九四〇年十月、太田らが「個人主義、自由主義幹部の動きに支配され」た会運営を非難、これを機に会は同年十一月解散した。

中野は「前書き」で、「ノート」を思い立った動機は「自分の文学観の訂正・変改」であり、それを「日本文学のうちの最も日本的なもの」である「和歌」について行いたいと考え、「読者として親しんできた茂吉の歌」について試みた、と記している。

中野には「農の子」茂吉の歌に惹《ひ》かれるものがあって、茂吉の歌を吟味していくのだが、そこでの中野の茂吉論は二面的であった。一つは、「和歌」の世界における「言葉の魔性」派を否定する「写生」派の茂吉の論にそって、「言葉の魔性」派に対して質的に対抗することであった。今一つは、茂吉と他の歌人たちの戦争歌に立ちいって検討し、「写生」派の流れをくむ優れた戦争歌と、浮わついた調子の戦争歌を腑《ふ》分《わ》けして、後者を批判することであった。

第二の点について中野は、一九三九(昭和十四)年八月天津《テンシン》で戦死した『アララギ』▲の渡辺直己《わたなべなおき》の短歌を取り上げ、次のような歌に共感を示している。

幾度か逆襲せる敵をしりぞけて夜が明け行けば涙流れぬ

頑強なる抵抗をせし敵陣に泥にまみれしリーダーがありぬ

これを茂吉の戦争歌と対比しているが、茂吉の戦争歌にも二種類あり、一方は、

▼『アララギ』　一九〇八(明治四十一)年創刊の短歌誌。編集には伊藤左千夫《いとうさちお》、斎藤茂吉、島木赤彦《しまきあかひこ》、土屋文明などがあたった。『万葉集《まんようしゅう》』を短歌の手本とし、茂吉らは正岡子規《まさおかしき》以来の「写生」説を受け継ぎ発展させ、近代短歌を主導する潮流となった。一九四五年一月、戦災で休刊、同年九月復刊。

「おびただしき軍馬上陸のさまを見て私の熱き涙せきあえず」のような「強く茂吉の個」に即した歌。他方は、「直心《ただごころ》こぞる今かいかづちの炎と燃えて打ちてしやまむ」のような、太平洋戦争開戦時の茂吉の歌に連なる類の歌である。また、戦争歌ではないが、杉浦翠子《すぎうらすいこ》が「男性全体を拉して私は抗議したいとまで思ふ」といって「悲憤」した茂吉の歌、

宋美齢《そうびれい》夫人よ汝が閨房《けいぼう》の手管《てくだ》と国際の大事とを混同するな
宋美齢ほそき声して放送するを閨房のこゑのごとくに讃ふ

を取り上げ、中野は「心に一種いやなものを感じた。……茂吉こそ『閨房の手管と国際の大事とを混同』していると思った」と書いている。

アジア・太平洋戦争の開戦によって、中野はそれ以上書くことができなくなったが、書かずとも狙いは明確であった。『斎藤茂吉ノート』は二刷までに五〇〇〇部、さらに一九四三(昭和十八)年一月には『新版　斎藤茂吉ノート』が三〇〇〇部刊行されており(中野の手紙には、計一万一〇〇〇部とある)、中野の読者はかなりいたと思われる。

「世界史の哲学」と「近代の超克《ちょうこく》」

前記のように、対米英開戦と緒戦の勝利が国民的な興奮をもたらしたのであるが、「大東亜戦争」を理論化・理念化することによって関心を集めたのが、「世界史の哲学」と「近代の超克」であった。

京都学派▲と呼ばれた高坂正顕《こうさかまさあき》、西谷啓治《にしたにけいじ》、高山岩男《こうやまいわお》、鈴木成高《すずきしげたか》が、一九四一(昭和十六)年十一月から四二年十一月にかけて三回の座談会を行い、その記録(「世界史的立場と日本」「東亜共栄圏の倫理性と歴史性」「総力戦の哲学」)が『中央公論』に掲載されたが、「世界史の哲学」はこの座談会のキーワードであり、京都学派の理論の通称となった。この座談会記録は一本にまとめられ、一九四三年三月、中央公論社から『世界史的立場と日本』として刊行された。このうち、最初の「世界史的立場と日本」は『中央公論』一九四二年一月号に掲載され、時宜にかなったこともあって、とくに評判となった。

高坂らは、第二次世界大戦を「アングロ・サクソン的世界秩序」のゆきづまりから生じた「世界史的必然」ととらえ、「世界史的必然」を生み出す「歴史の形成力」を、「モラリッシェ・エネルギー(道義的生命力)」(ランケ)に求めた。そして

▼京都学派　京都大学哲学科の西田幾多郎《にしだきたろう》ならびに田辺元と、その影響を受けた哲学科出身の学者グループをいう。狭義には、西田門下の哲学者である高坂、高山、西谷および歴史学者の鈴木らの「世界史の哲学」グループをさし、思想的には、西田の「歴史的世界」のとらえ方を受け継いだ彼らの歴史哲学と西洋近代批判に示される世界観的立場をさす。

●高坂正顕ほか『世界史的立場と日本』(中央公論社、一九四三年)

「大東亜戦争」は、「アングロ・サクソン的世界秩序」に対する「道義的生命力」の発現にほかならず、「大東亜戦争」を戦う日本民族は、「世界史的使命」を担う「世界史的民族」だと位置づけたのである。

　この京都学派の歴史哲学は、近代的概念を用いて「大東亜戦争」を理論的に弁証しようとしており、また、戦争の意義を肯定・納得する論拠をあたえる「哲学」であったため、戦場に赴く学生など青年層に大きな影響をおよぼしたのである。一方、古在由重《こざいよししげ》は一九四四(昭和十九)年一月二十四日の日記のなかで、『世界史的立場と日本』を読んだ感想を次のように記している。「論壇における今日の流行児たち」の「所論は泡沫《ほうまつ》のようなものであり、彼らの所説はその動機の点であまりにも見えすいている。つまらぬこと、おびただしい。けれども問題は、なにゆえこのような『理論』が社会的な意義と役割をもっているかにある。……彼らですら、かかる空疎なことを講釈しているとはいえ、なにかしらの『勉強』をしている」と。

　「近代の超克」とは、アジア・太平洋戦争下の「日本の知識人をとらえた流行語の一つ」(竹内好《たけうちよしみ》)であるが、それは一九四二年七月『文学界』▲同人を中心に行

●——高山岩男『世界史の哲学』(岩波書店、一九四二年)

▼『文学界』　一九三三年八月、林房雄、武田麟太郎、小林秀雄、川端康成、広津和郎《ひろつかずお》らを編集同人として、文化公論社から創刊。発行所はその後文圃堂《ぶんぽどう》、文藝春秋社に移り、一九四四年四月まで刊行。プロレタリア文学退潮後の「文芸復興」の気運のなかで、転向文学作家、芸術派、既成リアリズム派が参加、文芸批評家・作家たちが代表的作品を発表し、戦時期の有力な活動舞台となった。一九四七年六月復刊。

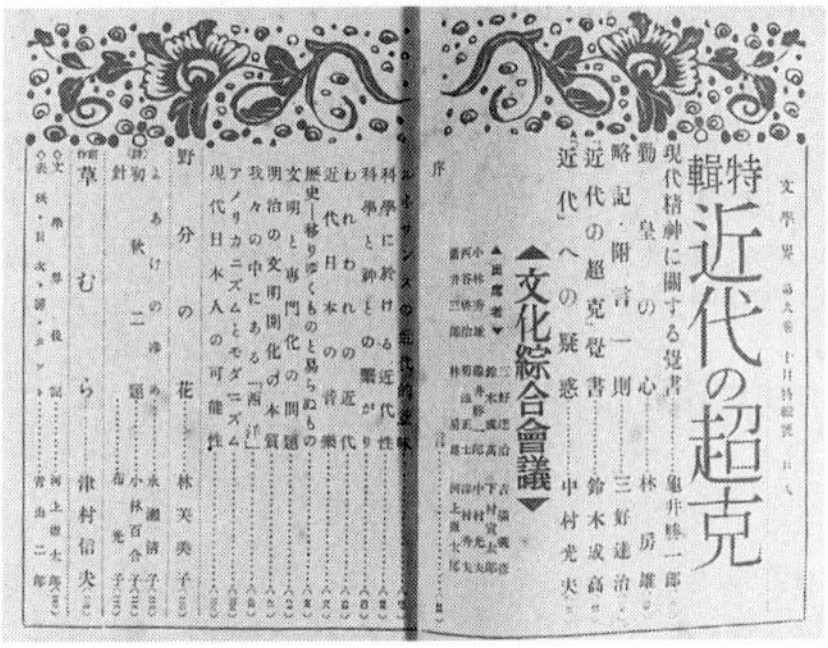
特輯 近代の超克
現代精神に關する覺書……亀井勝一郎
勤皇の心……林房雄
略記・附言一則……三好達治
「近代の超克」覺書……鈴木成高
「近代」への疑惑……中村光夫
文化綜合會議
科學に於ける近代性
科學と神との繋がり
われわれの近代
近代日本の音樂
歴史—移りゆくものと易らぬもの
文明と專門化の問題
明治の文明開化の本質
我々の中にある「西洋」
アメリカニズムとモダニズム
現代日本人の可能性
野分の花……林芙美子
草むら……津村信夫

●——特集「近代の超克」(『文学界』一九四二年九月号)

われた「近代の超克」をテーマとする座談会に由来する。出席者の提出論文と座談会記録が『文学界』一九四二年九月号・十月号に分載され、四三年七月には、若干の訂正をほどこして創元社から単行本として『近代の超克』が刊行されている。座談会出席者は、『文学界』同人の小林秀雄《こばやしひでお》、亀井勝一郎《かめいかついちろう》、林房雄《はやしふさお》、三好達治、中村光夫《なかむらみつお》、河上徹太郎《かわかみてつたろう》と、非同人の招聘者《しょうへいしゃ》である西谷啓治、諸井三郎《もろいさぶろう》、鈴木成高、菊池正士《きくちせいし》、下村寅太郎《しもむらとらたろう》、吉満義彦《よしみつよしひこ》、津村秀夫《つむらひでお》であった。

司会役の河上徹太郎によれば、「近代の超克」とは、十二月八日の開戦以来の「吾々の感情」あるいは「知的戦慄」を表現したことばであり、「符牒《ふちょう》みたいなもの」であったといわれる。また、「大東亜戦争」を「西欧的近代」の「超克」をめざす戦争とみる点で、出席者の意見はほぼ一致していた。つまり、「大東亜戦争」が欧米帝国主義の支配を打破し新秩序建設をめざすとされたことに照応して、理念的には近代ヨーロッパ的秩序を変革し、それを超えるあらたな秩序・思想原理を打ち立てなければならないということになり、それゆえ「近代の超克」が「符牒」となり、流行語となったのである。しかし、座談会では「近代の超克」をめぐって、ヨーロッパ的近代およびその圧倒的影響下におかれてきた日本の近代をどうとらえるかが問われたのであるが、その点についての認識は論者によって大きく分かれ、問題は未解決のまま残されたのである。

「国内思想戦」と知識人

新体制期以降、思想戦を唱える情報局の言論・思想統制が強まり、これに呼応して各領域・各団体内部で「新体制」派が台頭し、「旧体制」派を攻撃する動きがみられたが、アジア・太平洋戦争期には、こうした動きはいちだんと強まった。

出版関係では、大本営《だいほんえい》陸軍報道部や情報局の干渉・介入が激しくなり、とくに『改造』『中央公論』などの総合雑誌に対する圧力が強められた。そのなかで槍玉にあげられた代表的な作品は、『改造』一九四二(昭和十七)年八月号・九月号に連載された細川《ほそかわ》嘉《か》六《ろく》の「世界史の動向と日本」と、『中央公論』四三年一月号・三月号に掲載された谷崎《たにざき》潤《じゅん》一郎《いちろう》の「細雪《ささめゆき》」であった。

前者は、検閲を通過していた細川論文に対して、陸軍報道部長が、細川論文を非難したパンフレットなどを手がかりにして、細川論文は「巧妙なる共産主

●―『改造』一九四二年八月号、細川嘉六「世界史の動向と日本」

▼横浜事件　一九四二年から四五年にかけての弾圧事件。一九四二年九月の細川検挙の直前、神奈川県特高課が労働問題研究家の川《かわ》田《だ》寿《ひさし》夫妻をスパイ容疑で検挙、拷問による取調べにより四三年五月知友を検挙。その家宅捜索で、細川が前年、郷里富山県泊《とまり》町の旅

義の煽動」であり、検閲は手ぬかりだと非難、これを受けて『改造』八月号・九月号は発禁処分にされ、九月、細川は治安維持法違反容疑で検挙された。この事件は、神奈川県特高《とっこう》警察によるフレームアップである横浜事件の糸口となった。後者は、やはり陸軍報道部将校が、「細雪」は「軟弱かつはなはだしく個人主義的な女人の生活をめんめんと書きつらねた」小説だと非難、これを機に「細雪」の連載は中止された。しかも、『改造』『中央公論』に対する圧迫はこの種の事件にとどまらず、横浜事件▲を機に、一九四四年七月、情報局は改造社と中央公論社に対して「自発的廃業」を迫り、両社を廃業に追い込んだのである。

　権力による言論・思想の統制・弾圧とともに、ファッショ的気流に乗じて「思想的テロリスト」が暗躍し、戦時論壇のスターダムにのしあがるものものめだったが、前記の部門別文化団体のなかで、「国内思想戦」を唱えて猛威をふるったのが、大日本言論報国会であった。

　一九四二年十二月に発足した大日本言論報国会は、新体制期に設立された日本評論家協会▲系統の評論家と、監督官庁である情報局の次長奥村喜和男《おくむらきわお》と結びついた野村重臣《のむらしげおみ》、中野登美雄《なかのとみお》、斎藤忠《さいとうちゅう》、斎藤晌《さいとうしょう》、井沢弘《いざわひろし》らの思想戦グループか

館に満鉄《まんてつ》調査部員、中央公論社・改造社社員を出版記念に招いた際とった写真を押収、特高はこの会合を共産党再建の謀議（「泊事件」）として関係者を逮捕し事件を捏造《ねつぞう》した。これを機に、一九四五年までに、満鉄調査部、昭和塾、中央公論社、改造社、岩波書店などの関係者五〇人を逮捕、拷問が行われ四人が獄死、保釈後二人が死亡した。裁判は敗戦まで行われず、戦後、関係書類は焼却、一九四五年九月の裁判では細川らの控訴組を除いて、執行猶予つきの判決が言い渡された。

▼日本評論家協会　新体制に即応して一九四〇年十月創立された評論家団体。室伏高信《むろぶせこうしん》、伊佐秀雄《いさひでお》、津久井龍雄《つくいたつお》が主導、時局への協力姿勢とともに、評論の独自性を保とうとする志向をともなっていた。あらゆる思想傾向の評論家が参加しており、会員数は四一年三月時点で約二八〇〇人におよんだ。

●――大日本言論報国会編『思想戦の根基』(同盟通信社、一九四三年)

●――野村重臣『現代思想戦史論』(旺文社、一九四三年)

らなり、会員数は一九四四年には一〇〇〇人近くにおよんだ。組織名は「評論家」的たることを否定して「言論報国」が採用され、会の目的は「日本的世界観に帰一」することであった。会の主導権は思想戦グループが握り、人選に際しては自由主義的と目された清沢洌《きよさわきよし》、馬場恒吾《ばばつねご》、真下信一《ましたしんいち》、石坂泰三《いしざかたいぞう》、神近市子《かみちかいちこ》らは排除された。一方、田辺元《たなべはじめ》のように、入会を勧められても断わる人もいた。

「日本的世界観に帰一」するということは、「日本的」ではないと目される一切の思想を排撃することであり、言論報国会の主流は、そのための思想戦を推進したのである。この「国内思想戦」は、赤澤史朗《あかざわしろう》が指摘するように、「あらゆるところに目に見えぬ敵の陰謀を見出し、摘発する方向」に進み、ジャーナリズム関係者からは「思想暴力団」とみなされるにいたったのである。

伊藤整《いとうせい》の日記(『太平洋戦争日記』)には、戦時下をいわば一人の庶民として生きる知識人伊藤の姿と、「大和民族の一人」として戦争を戦いぬこうとする彼の愛国的心情が、克明につづられている。ところが、一九四一年十二月から四二年前半期の伊藤の日記には、英文学者の森本忠《もりもとちゅう》(のち言論報国会の常務理事・実践局長に就任)の「忠告状」や、他の評論家の伊藤の作品に対する批評文や噂などに

●——伊藤整(一九三五年)

おびやかされているようすと、いかに自己防衛するかに腐心しているようすが、しばしば記されている。「冷水をあびるような気持」(二月二十四日)、「暮から正月にかけて、森本やその他の人間の非難があったとき、こういうことが重なれば身体をそこなう、気持ちの上で参って……」(三月十八日)、「なるべく自分の内心を開いてさらさない仕事で、楽に、しかし隠れるように仕事をしよう」(五月三十日)等々。ちなみに、伊藤は「この戦争は少なくとも十年ぐらいは続(く)」(一九四三年五月二十八日)とみていたのである。

清沢洌は、戦後をみすえて戦時下に日記(『暗黒日記』)を書き、リベラリズムと愛国心の強さゆえに、戦争指導者たちを鋭く批判し続けたが、「評論家としての高い矜持《きょうじ》と使命感」(橋川文三《はしかわぶんぞう》)をもつ清沢は、言論報国会の理事に就任した鹿《かの》子《こ》木《ぎ》員信《かずのぶ》、秋山謙蔵《あきやまけんぞう》、匝瑳胤次《そうさたねつぐ》、富塚清《とみづかきよし》、中野登美雄、橋爪明男《はしづめあきお》らを、評論家とは認めていない。そして、近時の「日本主義思想は、抱擁的、寛恕的な心構えではなしに、異物は一切排撃して、これを克服するといふ心的態度」(『文芸年鑑』二六〇三年版)だと批判している。清沢が日記のなかで注視し批判した情報局と言論報国会こそ、「異物」の全面排除をめざす日本ファシズムの中枢機関

●——清沢洌(四七歳ころ)

とその別働隊であった。

やはり戦時下に日記(『断腸亭日乗《だんちょうていにちじょう》』)を書き続けた永井荷風《ながいかふう》は、文壇など一切の集団に属さず、国家を突き放し、戦争協力を拒否した。荷風は「異物」として戦時下を生きたのである。

荷風ほどに徹底した態度をとった人はまれであったが、抵抗の意志をもって沈黙を守った知識人は少なからず存在した。しかし、それらの知識人だけでなく、戦争に全身のめりこんでいった「愛国青年」たちのなかにさえ、身近のしいたげられた人びと・「非国民」と呼ばれた人びとへの共感や、官憲や末端の指導者などに対する憤りや抵抗感があったこと——それを抵抗と呼ぶかどうかは別にしても——に眼を向けることが必要であろう。そうした経験が、戦後登場してくる若い知識人たちの思想形成の核になっていることが少なくないと思われるからである。

●—カバー表写真

火野葦平 (北九州市教育委員会提供)	『改造』 1937年9月号 (日本近代文学館提供)	河合栄治郎 (東京大学史史料室提供)	
火野葦平 『麦と兵隊』 (改造社, 1938年) (北九州市教育委員会提供)	戸坂潤 (『戸坂潤全集2』勁草書房, 1966年より)	島木健作 (日本近代文学館提供)	中野重治 (日本近代文学館提供)
高村光太郎 (日本近代文学館提供)	大日本言論報国会編 『思想戦の根基』 (同盟通信社, 1943年)	矢内原忠雄 (東京大学史史料室提供)	清沢洌 (個人蔵)
島木健作 『生活の探求』 (河出書房, 1937年)	尾崎秀実 (『尾崎秀実著作集1』勁草書房, 1977年より)	『人民文庫』 創刊号 (日本近代文学館提供)	斎藤茂吉 (日本近代文学館提供)
三木清 (日本近代文学館提供)	『労働雑誌』 創刊号 (日本近代文学館提供)	林達夫 (中央公論新社提供)	『学生評論』 創刊号 (日本近代文学館提供)

●—写真所蔵・提供者一覧(敬称略, 五十音順)

朝日新聞社　p. 33中・下, 39, 63
『尾崎秀実著作集 1 』勁草書房, 1977年　p. 58
神奈川県立近代美術館　カバー裏
『河合栄治郎全集18』社会思想社, 1968年　p. 31
北九州市教育委員会　p. 54
共同通信社　p. 14, 33上左
個人蔵　扉, p. 92
『島木健作全集 7 』国書刊行会, 1976年　p. 44右
中央公論新社　p. 70右
東京大学史史料室　p. 33上右・上中, 59
『戸坂潤全集 2 』勁草書房, 1966年　p. 9
日本近代文学館　p. 11, 12, 13, 19, 34左, 52, 65右, 79, 80, 81, 82, 87, 88, 91
毎日新聞社　p. 50
『三木清全集 5 』岩波書店, 1967年　p. 22
『矢内原忠雄全集12』岩波書店, 1962年　p. 28
芝田進午ほか編『「唯物論全書」と現代』久山社, 1991年　p. 40
早稲田大学図書館　p. 27, 34右
『鶴彬全集』たいまつ社, 1977年　p. 20

＊所蔵者不明の写真は転載書名を掲載しました。

石堂清倫『わが異端の昭和史』勁草書房, 1986年
二六会編『滝川事件以後の京大の学生運動』西田書店, 1988年
川上武・小坂富美子『農村医学からメディコ・ポリス構想へ―若月俊一の精神史―』勁草書房, 1988年
北河賢三「戦時下の世相・風俗と文化」藤原彰・今井清一編『十五年戦争史2　日中戦争』青木書店, 1988年
渡邊一民『林達夫とその時代』岩波書店, 1988年
北河賢三「戦時下の文化運動」『歴史評論』No.465, 1989年1月
北河賢三『国民総動員の時代』岩波ブックレット, 1989年
丸山真男・福田歓一編『聞き書　南原繁回想録』東京大学出版会, 1989年
今村冬三『幻影解「大東亜戦争」　戦争に向き合わされた詩人たち』葦書房, 1989年
『季報・唯物論研究』編集部編『証言・唯物論研究会事件と天皇制』新泉社, 1989年
米田利昭『斎藤茂吉』砂子屋書房, 1990年
塩崎弘明「昭和研究会と三木清の協同主義」『日本歴史』542, 1993年7月
ねず・まさし『現代史の断面・ノモンハンの惨敗』校倉書房, 1993年
赤澤史朗「大日本言論報国会―評論界と思想戦―」『文化とファシズム』日本経済評論社, 1993年
北河賢三「戦時下の地方文化運動―北方文化連盟を中心に―」同上書所収
中野重治『敗戦前日記』中央公論社, 1994年
北河賢三「ファシズムと知識人」由井正臣編『近代日本の軌跡5　太平洋戦争』吉川弘文館, 1995年
伊藤晃『転向と天皇制』勁草書房, 1995年
神谷忠孝・木村一信『南方徴用作家―戦争と文学―』世界思想社, 1996年
佐藤広美『総力戦体制と教育科学』大月書店, 1997年
藤田省三「レトリックとは何か」『藤田省三著作集8』みすず書房, 1998年
松井慎一郎『戦闘的自由主義者　河合栄治郎』社会思想社, 2001年
竹内洋『大学という病―東大紛争と教授群像―』中央公論新社, 2001年
西郷信綱『斎藤茂吉』朝日新聞社, 2002年
今井修「丸山真男と津田左右吉」(1)(2)『丸山真男手帖』21・25, 2002・03年
笠原十九司「日本の文学作品に見る南京虐殺の記憶」都留文科大学比較文化研究科編『記憶の比較文化論』柏書房, 2003年

古在由重『古在由重著作集６』勁草書房, 1967年
米田利昭『戦争と歌人』紀伊国屋新書, 1968年
我妻栄ほか編『日本政治裁判史録　昭和・後』第一法規出版, 1970年
橋川文三・松本三之介編『近代日本政治思想史Ⅱ』有斐閣, 1970年
清沢洌『暗黒日記』Ⅰ・Ⅱ・Ⅲ(橋川文三編集・解説)評論社, 1970・71・73年
古田光・作田啓一・生松敬三編『近代日本社会思想史Ⅱ』有斐閣, 1971年
林達夫『林達夫著作集５』平凡社, 1971年
南原繁『南原繁著作集６巻』岩波書店, 1972年
『復刻版　土曜日』(解説・久野収／思い出・斎藤雷太郎)三一書房, 1974年
久野収『30年代の思想家たち』岩波書店, 1975年
和田洋一『私の昭和史─『世界文化』のころ─』小学館, 1976年
水島治男『改造社の時代　戦中編』図書出版社, 1976年
奥平康弘『治安維持法小史』筑摩書房, 1977年
安田武『定本戦争文学論』第三文明社, 1977年
若月俊一「忘れられない本　島木健作著『生活の探求』」『朝日新聞』1978年８月14日
山領健二『転向の時代と知識人』三一書房, 1978年
河上徹太郎・竹内好ほか『近代の超克』冨山房, 1979年
大河内一男『暗い谷間の自伝』中公新書, 1979年
酒井三郎『昭和研究会』ＴＢＳブリタニカ, 1979年
河原宏『昭和政治思想研究』早稲田大学出版部, 1979年
広松渉『〈近代の超克〉論　昭和思想史への一断想』朝日出版社, 1980年
古在由重『戦時下の唯物論者たち』青木書店, 1982年
矢内原忠雄『国家の理想─戦時評論集─』岩波書店, 1982年
石田雄『日本の社会科学』東京大学出版会, 1984年
中野重治『愛しき者へ　下』中央公論社, 1984年
国分一太郎『小学教師たちの有罪』みすず書房, 1984年
鈴木正『知の在野精神』勁草書房, 1984年
香内三郎・上野征洋『抵抗と沈黙のはざまで　雑誌『自由』(一九三六→一九三八)の軌跡』新時代社, 1985年
美作太郎『戦前戦中を歩む─編集者として─』日本評論社, 1985年
安田武『昭和青春読書私史』岩波新書, 1985年
北河賢三「一九三〇年代の学生生活─風俗と読書を中心に─」『史観』第114冊, 1986年３月

●—引用・参考文献

はじめに（全般にかかわるものを含む）

思想の科学研究会編『共同研究　転向』上・中・下，平凡社，1959･60･62年

『文学』（岩波書店）特集「戦争下の文学・芸術」（１）～（４），29巻５・８・12号，30巻４号，1961年５・８・12月，62年４月

同志社大学人文科学研究所編『戦時下抵抗の研究』Ⅰ・Ⅱ，みすず書房，1968・69年

大熊信行『戦中戦後の精神史』論創社，1979年

鶴見俊輔『戦時期日本の精神史―1931～1945年―』岩波書店，1982年

赤澤史朗・北河賢三編著『文化とファシズム―戦時期日本における文化の光芒―』日本経済評論社，1993年

赤澤史朗「戦中・戦後文化論」『岩波講座日本通史　近代４』岩波書店，1995年

山之内靖・ヴィクター＝コシュマン・成田龍一編『総力戦と現代化』柏書房，1995年

藤田省三「戦後の議論の前提」『藤田省三著作集５』みすず書房，1997年

『思想』（岩波書店）特集「1930年代の日本」No.882，1997年12月

加藤周一・凡人会『「戦争と知識人」を読む』青木書店，1999年

栗原幸夫編集『超克と抵抗　レヴィジオン〔再審〕第２輯』社会評論社，1999年

小森陽一ほか編『岩波講座　近代日本の文化史』６・７，岩波書店，2002年

家永三郎『太平洋戦争』岩波現代文庫，2002年

①～③にかかわるもの

火野葦平『火野葦平選集２巻』東京創元社，1958年

美濃部亮吉『苦悶するデモクラシー』文藝春秋，1959年

中野重治『中野重治全集』８・９巻，筑摩書房，1959・60年

平野謙『昭和文学史』筑摩書房，1963年

渡辺順三『定本近代短歌史　下巻』春秋社，1964年

畑中繁雄『覚書　昭和出版弾圧小史』図書新聞，1965年

本多秋五『増補　転向文学論』未来社，1966年

菅忠道『日本の児童文学（増補版）』大月書店，1966年

戸坂潤『戸坂潤全集』２～５・別巻，勁草書房，1966・67・79年

日本史リブレット65

戦争《せんそう》と知識人《ちしきじん》

2003年11月25日　1版1刷　発行
2019年9月30日　1版5刷　発行

著者：北河賢三《きたがわけんぞう》

発行者：野澤伸平

発行所：株式会社 山川出版社

〒101−0047　東京都千代田区内神田1−13−13
電話　03(3293)8131(営業)
03(3293)8135(編集)
https://www.yamakawa.co.jp/
振替　00120-9-43993

印刷所：明和印刷株式会社

製本所：株式会社 ブロケード

装幀：菊地信義

Printed in Japan ISBN 978-4-634-54650-9

日本史リブレット 第Ⅰ期［68巻］・第Ⅱ期［33巻］ 全101巻

1 旧石器時代の社会と文化
2 縄文の豊かさと限界
3 弥生の村
4 古墳とその時代
5 大王と地方豪族
6 藤原京の形成
7 古代都市平城京の世界
8 古代の地方官衙と社会
9 漢字文化の成り立ちと展開
10 平安京の暮らしと行政
11 蝦夷の地と古代国家
12 受領と地方社会
13 出雲国風土記と古代遺跡
14 東アジア世界と古代の日本
15 地下から出土した文字
16 古代・中世の女性と仏教
17 古代寺院の成立と展開
18 都市平泉の遺産
19 中世に国家はあったか
20 中世の家と性
21 武家の古都、鎌倉
22 中世の天皇観
23 環境歴史学とはなにか
24 武士と荘園支配
25 中世のみちと都市
26 戦国時代、村と町のかたち
27 破産者たちの中世
28 境界をまたぐ人びと
29 石造物が語る中世職能集団
30 中世の日記の世界
31 板碑と石塔の祈り
32 中世の神と仏
33 中世社会と現代
34 秀吉の朝鮮侵略
35 町屋と町並み
36 江戸幕府と朝廷
37 キリシタン禁制と民衆の宗教
38 慶安の触書は出されたか
39 近世村人のライフサイクル
40 都市大坂と非人
41 対馬からみた日朝関係
42 琉球の王権とグスク
43 琉球と日本・中国
44 描かれた近世都市
45 武家奉公人と労働社会
46 天文方と陰陽道
47 海の道、川の道
48 近世の三大改革
49 八州廻りと博徒
50 アイヌ民族の軌跡
51 錦絵を読む
52 草山の語る近世
53 21世紀の「江戸」
54 近代歌謡の軌跡
55 日本近代漫画の誕生
56 海を渡った日本人
57 近代日本とアイヌ社会
58 スポーツと政治
59 近代化の旗手、鉄道
60 情報化と国家・企業
61 民衆宗教と国家神道
62 日本社会保険の成立
63 歴史としての環境問題
64 近代日本の海外学術調査
65 戦争と知識人
66 現代日本と沖縄
67 新安保体制下の日米関係
68 戦後補償から考える日本とアジア
69 遺跡からみた古代の駅家
70 古代の日本と加耶
71 飛鳥の宮と寺
72 古代東国の石碑
73 律令制とはなにか
74 正倉院宝物の世界
75 日宋貿易と「硫黄の道」
76 荘園絵図が語る古代・中世
77 対馬と海峡の中世史
78 中世の書物と学問
79 史料としての猫絵
80 寺社と芸能の中世
81 一揆の世界と法
82 戦国時代の天皇
83 日本史のなかの戦国時代
84 兵と農の分離
85 江戸時代のお触れ
86 江戸時代の神社
87 大名屋敷と江戸遺跡
88 近世商人と市場
89 近世鉱山をささえた人びと
90 「資源繁殖の時代」と日本の漁業
91 江戸の浄瑠璃文化
92 江戸時代の老いと看取り
93 近世の淀川治水
94 日本民俗学の開拓者たち
95 軍用地と都市・民衆
96 感染症の近代史
97 陵墓と文化財の近代
98 徳富蘇峰と大日本言論報国会
99 労働力動員と強制連行
100 科学技術政策
101 占領・復興期の日米関係